冒険に生きる

——谷川岳・青春・あの時代

長 洋弘
Cho Yohiro

社会評論社

冒険に生きる――谷川岳・青春・あの時代＊目次

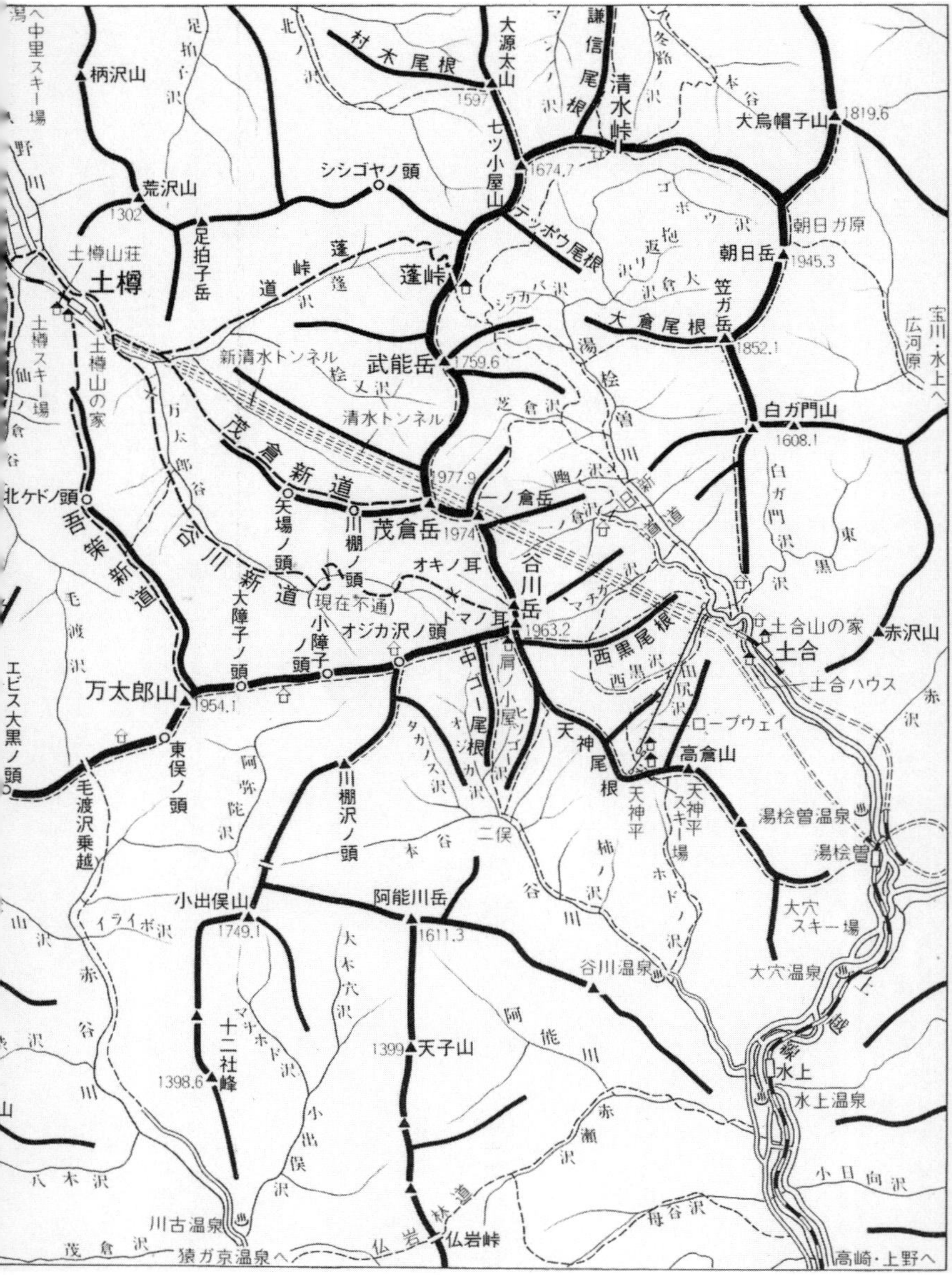

高波吾策『谷川岳のヒゲの大将』（実業之日本社）巻末地図から

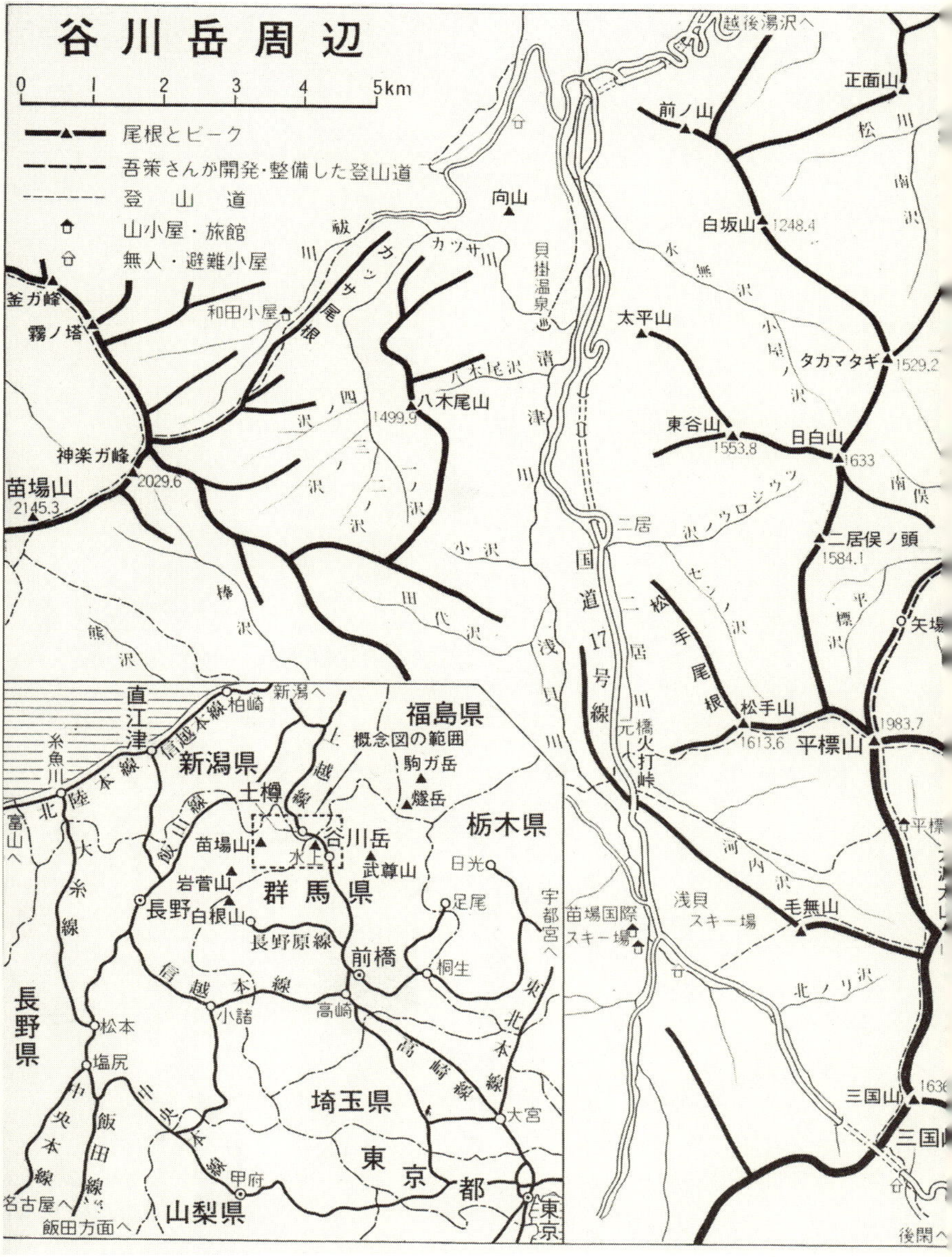

1975年（昭和50）頃の谷川岳周辺

協力　伊藤周左エ門　和泉雅子　植村公子　五月女次男　高波菊男
写真右下のアルファベットは写真提供者名。二五四頁参照。

山にあこがれて

サザン・アルプス（ニュージーランド）セフティン山

「国境の長いトンネルを抜けると雪国であった。夜の底が白くなった。信号所に汽車が止まった。」

川端康成の名作『雪国』の冒頭の部分である。トンネルを出たところが新潟県湯沢町で、昔から温泉とスキーで有名である。細かくいうと長いトンネルとは上越線の清水トンネルのことで、信号所とは私が青春を送った山間《やまあい》の登山基地土樽《つちたる》である。そこにはスキー場に隣接した二軒の山小屋があり、かつて冒険と探検に青春を賭けた若人たちが集まったのだが、意外とそのことは知られていない。いや、今では忘れ去られてしまっているといってよい。

一九八五年（昭和60）の秋、東京から新潟に続く関越自動車道ができると、この山間の静かな登山基地は様相をすっかり変えてしまった。高速道路ができると聞いて落胆したのは、私だけではあるまい。

それから二十年たった二〇〇五年（平成17）晩夏、スキー人口の減少とレジャー産業の多様化のあおりを受け、スキーリフトを運営していた国土計画が撤退し、スキー場が閉鎖となった。そのニュースを聞いて愕然《がくぜん》としたのは私だけではなく、土樽、そして谷川岳《たにがわだけ》をこよなく愛した岳人《がくじん》（アルピニスト）たちの多くが落胆したのである。

そこには多くのアルピニストの足跡とともに凝縮された私の青春の残滓《ざんし》があったからである。

魔の山

昭和30年代の土樽駅　【T】

土樽スキー場は戦前に旧国鉄が開いたスキー場で、ピーク時には年間一万三千人の若人が訪れにぎわっていたが、二〇〇五年（平成17）で二千三百人、〇七年（平成19）は二千人をきってしまった。

〇六年（平成18）冬、新潟地方は未曾有《みぞう》の大雪が降り、交通網は遮断《しゃだん》され、山間の村々は孤立状態となり多くの被害をもたらした。特に中魚沼《なかうおぬま》郡津南町《つなんまち》では積雪量が多く四メートル、土樽とて同様である。学者たちの多くが地球環境異変を取りざたした。

土樽山荘を長い間経営している主人の伊藤《いとう》周左エ門《しゅうざえもん》に「土樽に入りたいのですが」と電話を入れると、「今日は物資を運んでヘリコプターが入ります。一月の客はすべてキャンセルしました」との返事があった。私も長く土樽に通

土樽駅から湯沢方面を臨む　【C】

っていいるが、いまだかつてこのような話は聞いたことがなかった。二月下旬ようやく土樽に入ることができたが、驚いたことにゲレンデはあるものの、リフトもそれに付属する施設もすべて取り払われていたのには、大きく落胆した。

谷川岳が登山としてにぎわいをみせたのは上越線の開通からであるが、平安初期に霊山《れいざん》として開山、薬師岳《やくしだけ》と呼ばれ信仰登山で地元の人たちが登っていた。信仰登山は昔から日本各地で行われ、山を神の境域、霊魂の鎮まるものとして考えた日本人の宗教観によるものであった。

大伴家持《おおとものやかもち》の長唄に「たち山に降りおける雪を常夏に　見れどもあかず神からならし」とあるように、夏でも雪を抱き、崇高《すうこう》で、力強く、屹立《きつりつ》する山に畏《おそ》れと敬いの念をもっていたことが想像できる。

谷川岳は標高二千メートル足らずの山だが、太平洋側の気候と、日本海側の気候がぶつかり、その影響によって、雪、雨、風が激しく吹きつけ、雪崩により岩は削られ鋭くなり、険しい岩場となる。また多量の雪が残雪となり雪渓《せっけい》をつくる、この山はアルピニストにとってこのうえない魅力のある山であるが、危険をはらんでいる山でもある。また東京から一日で往復できる日帰り登山の手軽さも魅力の一つである。頂《いただき》はオキノ耳（一九七七メートル）とトマの耳（一九六三メートル）と二つあり、これを谷川岳と呼んでいる。

谷川岳には、群馬県側の土合《どあい》と新潟県側の土樽と二つの登山口がある。群馬県側の土合駅が谷川岳への表玄関口というなら土樽駅は裏口とでもいうべきなのだろうが、そう呼ぶ人はいない。互いに谷川岳の玄関として、それなりの役割を果たし、魅力をもっているからである。

一九三七年（昭和12）に創元社より刊行された小説『雪国』の冒頭には、「信号所」とあるが、信号所時代はスキー客に限り土樽に乗り降りができたというからおもしろい。一九三七年（昭和12）といえば、前年に二二六事件があり、日中戦争、第二次上海事変、南京占領などがあった世相のきな臭いときである。

「国境の長いトンネルを抜けると…」の国境とは、かっての令制国《りょうせいこく》である上野国《こうずけのくに》（群馬県）と越後《えちご》国（新潟県）との境という意味である。実際には「くにざかい」と読むのかもしれないが、そのへんは専門家に任せよう。

そして昭和三十年代になると、土合も土樽も山にあこがれる若人でにぎわうようになる。今、土合駅は下りホームが新清水トンネル内にあり、駅舎からは十分ほど階段を下りないとホームに行けず「日本一のモグラ駅」とも呼ばれ、かたや土樽駅は、無人駅となり、ともに乗降客は少なくなっている。もっとも土合口から入る谷川岳一《いち》の倉沢《くらさわ》の衝立岩《ついたていわ》下まで車で入れる時代となっては、時間のかかる列車を使う人もいないということなのだろう。谷川岳は「魔の山」と呼ばれ、一九三一年（昭和6）からの遭難者の数は二〇〇五年（平成17）までで七八一人、これは世界の山の遭難者のワースト記録である。もっとも悲惨だったのは、一九五八年（昭和33）九月に起きた横浜かたつむり山岳会の二人のクライマーの遭難事件だった。遺体はオーバーハングの多い衝立岩に宙づりのままで救助隊は近づくことができず、自衛隊が出動し、軽機関銃、カービング銃、ライフル銃など十二丁を並べ、ザイルを狙撃、落下させるというものだった。

土合から車で山間の道を抜けると、一の倉沢が眼前に衝立のように屹立するさまは、絶景だが、周囲の岩肌に埋め込まれた慰霊碑の数々を目にすると、気持ちは重くなる。

列車が上越線高崎駅を過ぎ、月夜野《つきよの》付近にかかると前方に谷川岳の勇姿が見えてくる。白く輝く冬場がなんといっても圧巻だ。列車が水上《みなかみ》駅に入り込む、北風にのり構内に小雪がちらちらと舞い、機関車のポーッという汽笛が構内に響きわたる、「えー弁当、弁当」と白い息を吐きながら弁当売り

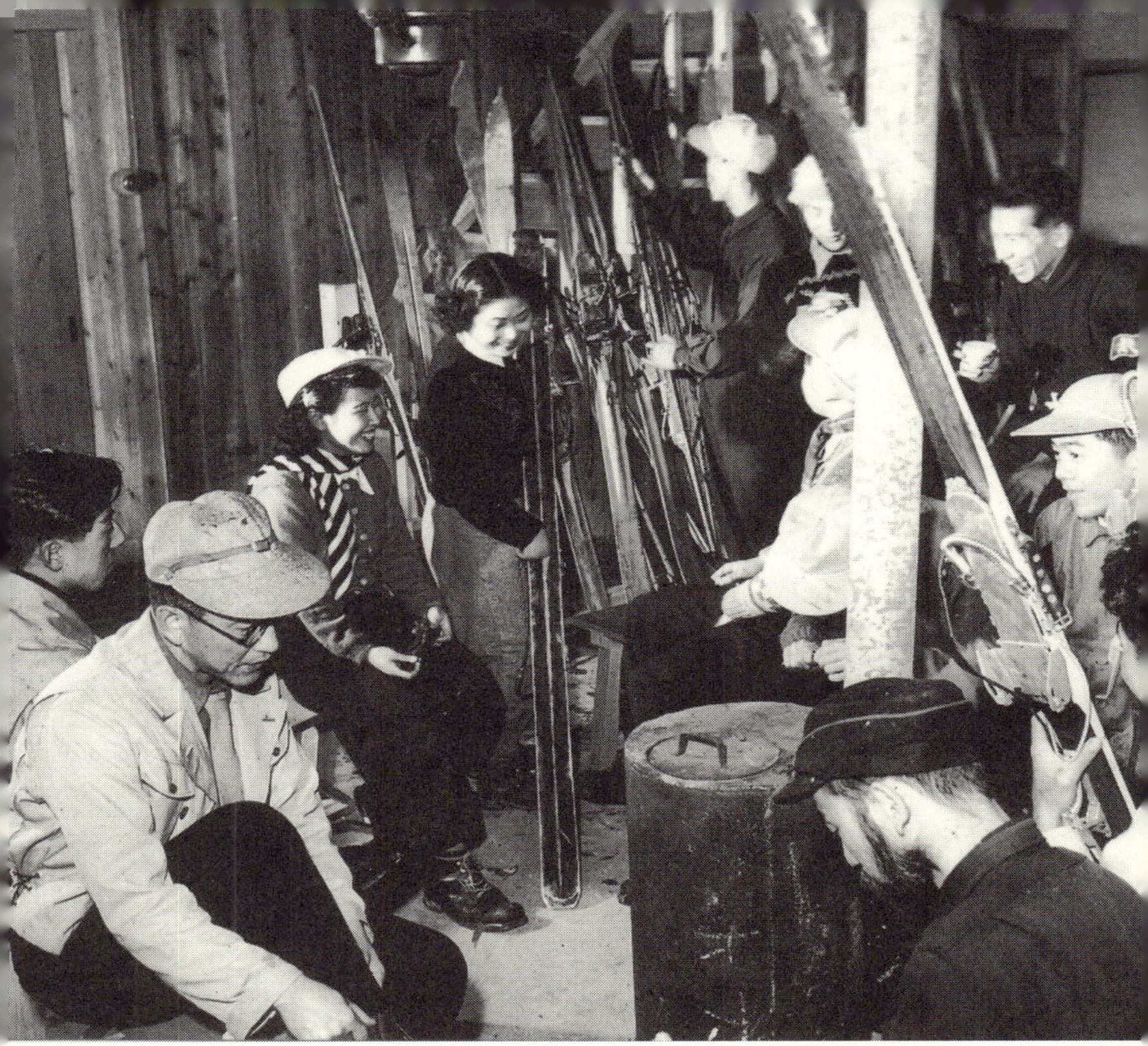

昭和30年代の土樽山の家（右下吾策氏）　【T】

の声が構内に響くとなんともいえない旅情を醸し出す。吐息を白くさせながら足早に列車に飛び乗る乗客、やがて列車が動き出す、こんな光景が昭和四十年代まであった。

　水上駅を出発し利根川の支流を右に見ながら、湯檜曽《ゆびそ》駅を通り土合あたりに来ると雪が深くなる。そして清水トンネルに入るときの「ゴー」いう音とともに耳に迫る風圧、そして暗闇の中を十分ほど走る。トンネルを抜けるまでの期待感に胸が躍る。そして「シュワーッ、ゴー！」というすさまじい轟音とともにあたり一面が銀世界

土樽山荘からスキー場、谷川連峰を臨む　【C】

に変わる。そこが土樽なのであり、国境の長いトンネルを抜けた雪国なのである。一瞬にしてあたり一面が銀世界にかわる感動は列車でしか味わえないものだ。

谷川岳の名ガイド

列車のドアの開閉ボタンを押し、ドアを開けると冷気が室内に押し寄せ、肌を刺す。列車から降りるとホームは雪に占領され、相当用心しないと転んだりする。列車からはリュックサックやスキーを担いだ若人が山へのあこがれに胸をワクワクさせながら降り立つ、このときの気分は最高だ。これが土樽のプロローグなのである。しかし今は関越自動車道と新幹線が通り、閑散として往時の面影がないのが寂しいが、うまく鈍行を乗り継ぐと今でもあのときの情感を味わうことができる。

土樽駅構内は上り線と下り線の間につくられた融雪

用の水路が音をたて流れ、かつてのこの水路に魚が泳いでいたのを覚えている。眼前に立つ足拍子《あしびょうし》岳の山容は、多くの登山者のあこがれであるヨーロッパアルプスの高峰マッターホルンを連想することができる。昭和三十年代から四十年代にかけて、まだ海外渡航がむずかしかった頃、登山者の多くが足拍子岳を見て「いつかはマッターホルン」と思ったものである。

停車場から続くスキー場への小道は土樽山の家の従業員によってスコップで階段が刻まれ、二十メートルほど上ると左手に「ひげさん」と呼ばれ、多くのアルピニストに親しまれ、谷川岳の山道を切り拓いたの谷川岳の山岳ガイド・高波吾策《たかなみごさく》の銅像を見ることができる。私の人生の師でもある。さらに小道を登ると小さなゲレンデにぶつかり、左に行けば土樽山の家であり、右に行けば土樽山荘に行くことができるが、今では登山者が減り、かつての土樽山荘は閉鎖され、土樽山の家の跡地に新生土樽山荘が建っている。

昭和四十年代の谷川岳には、土合側に中島喜代志《なかじまきよし》がおり、土樽側には高波吾策という名ガイドがいた。この二人が谷川岳の登山史に貢献したことはいうまでもない。

高波吾策は土樽の象徴的な存在で、長いひげは「ひげの大将」「谷川の仙人」と呼ばれ、多くの岳人から愛された。吾策自身も生涯山を愛し、五つの登山道を整備し、長年にわたり若人の登山指導にあたった。彼の切り拓いた登山道の一つである吾策新道は、北アルプス・槍ヶ岳にある喜作《きさく》新道とゴロを合わせたらおもしろいといった槇有恒《まきありつね》（近代アルピニズムの開拓者・アイガー東山綾の初登攀《とはん》者。マナスル初登頂隊長）の案により生まれたものだった。喜作新道は槍ヶ岳へのルートを切り拓いた穂高《ほだか》町生まれの小林喜作の名をとったものである。

この土樽の地に足跡を刻んだのは、前出の槇有恒、日本アルペンスキー史上唯一の冬季オリンピックメダリスト・猪谷千春《いがやちはる》と父・猪谷六合雄《いがやくにお》、山岳作家の安川茂雄《やすかわしげお》、作家・藤島泰輔《ふじしまやすすけ》、世界的な冒険家・植村直己《うえむらなおみ》、女優・和泉雅子《いずみまさこ》、ヨットマンの多田雄幸《ただゆうこう》などとあげるときりがない。

猪谷六合雄の著書『雪に生きる』の中には、土樽へは一九三三年（昭和18）に引っ越したとある。一時猪谷六合雄は土樽にとどまり、日本人初の冬季オリンピックメダリストの息子・千春を訓練したと思われる。

さてこの本のテーマだが、なぜ山間の小さな山岳基地土樽が多くの人に愛され、多くの冒険家が集まり、世界に飛び立ったかを追い、冒険とは、探検とは何かを深めることにある。

伊藤周左エ門の夢

私が初めて土樽の土を踏んだのは、一九六八年（昭和43）十二月初旬の小雪の舞う夕暮れどきであった。駅員がホームで「つちたる、つちたる」と白い息を吐きながら言っていたのを覚えている。ホームに降り立ったのは私一人、前年まで苗場《なえば》スキー場のパトロール隊にいた私は、苗場のあでやかさにくらべ、あまりに暗いのに驚いたように記憶している。

今は土樽山の家はなくなり、その地にヨーロッパアルプスの小屋を思わせるような新土樽山荘が建っている。経営している冒険家の伊藤周左エ門で、女優の和泉雅子を北極に連れて行ったのは彼である。

その伊藤が突然土樽に現れたのは一九六九年（昭和44）十月のことである。彼は私より一年遅れて高波吾策に弟子入りをし、私のほうが兄弟子ということになるのだが、今は土樽の主となり、世界を股にかけ冒険した経歴ではとうてい私は伊藤にはかなわない。

当時の土樽山荘はユースホステルをかねていたが、客のほとんどは冬のスキーが目的だった。

伊藤が来る数日前に、古風な名札の着いた荷物が山荘の玄関に数個転がっていたのを私ははっきりと記憶している。しかも「伊藤周左エ門」という、まるで江戸時代の仇討ちに出てくるような古風な名前だった。誰の荷物かと山荘の手伝いをしている地元の剣持のおじさんに聞くと、「今度、おやじ（高波吾策）のところに弟子入りした男の荷物だ。物好きな奴だいな」と笑いながら言った。そして「もういい年齢だそうだ、何がおもしろくて来るんだべ」とつけ加えた。

荷物より数日遅れてやって来たのは、狐目の貧相な顔立ち（私にはそう見えた）をした伊藤だった。見た目には痩身《そうしん》でとうてい山で生きられるとは思えない、しかも彼はすでに三十歳半ばだというのだ。それも今どきはやらない弟子だそうだ、私も弟子の一人であるが本業は学生であり、実態は単なる居候にすぎなかった。

土樽山荘は地階に石垣で組まれた出入口がある。そこを入り、乾燥室、倉庫を通り抜けセメントで作った階段を上ると、一階の正面が受付である。そして食堂、売店、厨房が配置され、北側に風呂があり、二階の南側が畳のある客室、そして北側に長くのびた廊下の両側に、蚕棚状のユースホステル用のベッドがあった。各部屋の入口上部には茂倉《しげくら》岳、足拍子岳、平標《たいらっぴょう》山、飯士山《いいじさん》などといった谷川連峰の山々の名前をつけた木札が下げてあった。もっとも北側の「山荘の北極」と呼ばれた四人から六人用の小部屋が「飯士山」であり、そこで私と伊藤が一シーズンをともにした。

私はその年一人で冬を過ごすつもりでいたが、伊藤が同居すると部屋は少しでも暖かみを増したかのように思えた。しかし夜のとばりがおり、激しい吹雪の夜は壁板の隙間から小雪が舞い込み朝になるとうっすらと布団の上に雪が積もった。きびしいが、心の中になにかのロマンがあった。

土樽での私の仕事はスキーのインストラクターが主であり、後は週に一回ある早朝の客の出迎えや屋根の雪下ろしなどだった。

伊藤は、来た日から山荘の受付や雑用を精力的にこなした。伊藤への見方がかわったのは、大型のガスボンベを苦もなく担ぎ移動する姿を見てからである。彼は見かけによらず頑丈で、重い物を軽々と持ち上げ、ビール瓶の栓を歯で空けるのを得意とした。因果関係はたしかでないが、今では伊藤の歯はほとんどない。

伊藤は青森県の出身で、アルペン競技で国体に出ているが、私の曲線的に滑るスキーに対して、伊藤の直線的なスキーは教えるには不向きだった。このへんは同郷のプロスキーヤーで富士山直滑降やエベレストから直滑降した三浦雄一郎に似ている。すでに伊藤はパトロール資格を取得しており、高波吾策は我々とは違う使い方を考えていたようだ。

伊藤の荷物から出てきたのは大量の山岳や冒険に関する書物だった。そして夜になると北極や南極探検の本を読んでいた。

外では雪が舞っている。裸電球が一つ赤色の光を室内に放っている。

「伊藤さん、起きていますか」

私が蚕棚の上段から顔を出して言うと、息が白くなった。

「はい」

伊藤は蚕棚の下から歯切れのいい声で返事をした。彼の返事がいつも歯切れがいい。

「伊藤さん、つまらない質問ですが」

「はい」

「伊藤さんの夢はなんですか」

夜になると伊藤と私は、山のことや将来のことについて話をした。山にテレビもパソコンも何もない時代、暗い山荘の部屋には風の音や木々の呻吟《しんぎん》する音、そして雪が木から落ちる音が聞こえた。それは今思うとありあまる時間と、自然と戯れた至福のときだったように思える。伊藤と同室になったことは将来への不安と孤独から逃れる道でもあった。学園は毎日のように学園紛争があり世相は混沌とし、価値観の激しく揺れ動く時代だった。

「わしはね、北極に行きたいんだよ」

「北極ですか、ぼくも子どもの頃本で読んだことがあります。アムンゼンとか、フランクリンの行った北極探検のことですね」

「そう北極点、行ってみたいね。その前にグリーンランド、そして、南極、やりたいね、行ってみたいね、逆に暑いアフリカもおもしろい、夢だよ、私の、長さんの夢は…」

「ぼくですか、ぼくは世界中を回り写真を撮りたいですね」

「写真家ね、なんの写真を撮りたいの?」

「山、子ども、スキー、紛争地の写真も撮りたい。それから学校の先生もいいですね。子どもたちに夢のある話をして、子どもたちと楽しい時間を過ごす。考えただけでもワクワクします」

「いろいろ夢があっていいね。夢は私にとって生きる希望だね」

「そうですね、でも、食うことを考えるとやはり学校の先生でしょうか、失礼ですが伊藤さんは今三六歳ですが、将来への不安のようなものはないのでしょうか」

「それはあるよ、山番をしていて将来はあるのか? いろいろ考えるね。だけどたった一度の人生だよ。そのために準備をしてきた、冒険のためにね。だからそんなことは考えない。考えたら何もできない。こじんまり生きても仕方ないからね」

高波吾策の急逝

土樽の冬はきびしい。数日間吹雪が続くと山荘は閉ざされ、上越線を眼下に見ながらも陸の孤島と化してしまう。しかし雪が降った後の土樽は、茂倉岳の背後から太陽が昇り、雪面に木々の長い陰が広がり、やがて白銀の世界が輝く。山荘の屋根からたれ下がった長いつららの先端が太陽光線に照らされピカッと光る。将来への不安さえなければ最高の地だった。

土樽は、リフト一基、ロープ塔一基の小さな小さなスキー場である。多くのスキーヤーはスキーだけを楽しむのだったら土樽は選ばないだろう、近くには湯沢、石打、苗場と多彩なゲレンデをもったスキー場はいくらでもある。土樽の魅力は、自然が写し込む絵巻物のような風景であり、自然が奏でる木々の音や風のささやきである。それが岳人の心をくすぐる、人は自然に包まれてこそ至福なのである。

新雪が降ると私は真っ先にゲレンデに飛び出し、雪煙を上げシュプールを描いた。雪煙の後を私の長い影が追いかける。厳冬期の雪は軽くまるでパウダーのように飛び散りスキーヤを有頂天にさせた。そして振り返ると白いキャンバス上にシュプールの芸術作品ができあがった。

スキー学校がはじまると生徒たちとともに滑るスキーは楽しかった。冗談を言い、山の話をし、トレーン（列）をつくって滑った。そしてわれわれを包み込んでいるのは、谷川連峰である。スキー学校が終わると校長の高波隆男《たかなみたかお》を先頭に仲間たちはふたたび雪煙をあげた。隆男は吾策の二男でインカレ（全日本学生選手権）滑降の優勝者だった。隆男の滑りは華麗である。上下動の少ない安定した滑りは糸のようなシュプールをつくった。スキー板が左右にぶれない合理的な滑りだった。
「スキーは教えるものにあらず、うまくなりたければ技を盗め」、それがわが師高波吾策の言葉だった。その言葉は、のちの私の人生におおいに役立った。何ごとも結局は、自分自身が研究するしかないのである。私も仲間も師の技術を盗んだ。吾策のスキーは近代スキー技術とはかけ離れた前外傾とローテーションの極端に強い滑りでスマートではなかったが、今思うと山やスキー、しいていえば生きる姿勢を盗めと言いたかったに違いない。余談だが、吾策のスキーは「ひげの雪なめすキー」と呼ばれた。

　伊藤はときどき滑走に加わったが「曲がることはスキーにあらず」と公言した。それは直滑降でまっしぐらに斜面を滑り降り、粉雪を巻き上げ転倒停止するという荒業で、私には無謀に見えたが、仲間から拍手喝采された。いまだに私は彼がきれいなシュプールを描き滑降した姿を見たことがない。

　スキー学校には、スキー理論にうるさい本柳、シーズンオフには大工になる半沢、大学スキー部の佐々木、そして田中がいた。誰が上手かというとそれぞれに持ち味があり、新雪だけはパトロール出身の私がうまかったように記憶している。

山とスキーと酒をこよなく愛した高波吾策が急逝したのは一九七一年（昭和46）三月のことだった。

その年は例年になく雪が多く、吹雪でスキーもままならない日々が続いていた。山荘から見る山々は雪に被われ、ときとして山は雪煙に隠れ、風と雪が小屋を襲い、上越線のダイヤは大幅に乱れた。山荘にいた伊藤も私も突然の訃報に驚いた。数日前、乾燥室に私を呼び、酒を紙袋から出して「長くん、おまえも飲め、おまえのスキーはいいぞ」と言ったばかりだったからである。死因は膵臓壊死、酒の飲みすぎだった。その後も山は荒れ仲間たちは『吾策嵐』と呼んだ。

豪放磊落《ごうほうらいらく》で人を笑わせ、世話好きだった高波吾策の死は多くの岳人を悲しませた。その年スキーでけがをした私は吾策の遺体を迎えに行くこともできずに、遺体が吹雪の中を山仲間によってスノーボートに乗せられ、足拍子岳の麓を魚野川《うおのがわ》沿いに土樽山の家へ運ばれるのを山荘の窓から寂しく見ていただけだった。

私には今も高波吾策の言葉が鮮明に残っている。それだけ私の人生にとって師の存在は大きかった。

「山という大自然の中で暮らしてみると、一人の人間の力なんて微弱なもので、家族をはじめ多くの知人友人の加護がなかったならば、一本の山道をつくることだってとうていできなかっただろう」

高波吾策は、山をひたすら愛し、畏敬し、人々と自然に感謝することを忘れない人であった。

谷川岳の四季のうつろいとともに生き、自ら採った山菜とイワナを魚に酒を飲み、山仲間と人生を語り、自然の中で人生を謳歌した高波吾策、享年六十歳だった。そのすばらしい生きざまは多くの若人に影響を与えた。

チロリアンハット、灰色のセーター、腕につけたスキー連盟のワッペン、黒いズボンに長靴、そして笑顔、高波吾策の意志は今も土樽の地に生きている。

伊藤が師の遺志を継ぎ、山に生き、冒険に生きることを決意したのはこのときである。

谷川岳を守る

初冬の谷川岳 【T】

高波吾策の突然の死は弟子入りしたばかりの伊藤を困惑させた。伊藤が吾策とともに生活したのはたったの二年だったが、師から譲り受けたものは大きかった。

夕方になると吾策は、酒が飲みたくて土樽山の家から土樽山荘に電話をかけ「おい、伊藤くん、ミーチング、ミーチング（ミーティング）」と言っては酒を誘った。もちろん伊藤の手が離せないと私へのお呼びがかかった。そしてほどよく飲むと「遭難、遭難」と言っては戸外に飛び出し、雪の中に体を放り出し埋めるのだった。そんな吾策を伊藤は「茶目っ気のある、酒好きの人だった」と惜しんだ。

伊藤は吾策の山と酒につきあった。もっとも谷川岳の主と呼ばれた吾策に弟子入りしたのだから山にともに登ることは当然のことであるのだが、それ以上に生きることを教授されたと伊藤は言う。

伊藤に山の心を教えた高波吾策と伊藤との出会いは、一九六一年（昭和36）にさかのぼる。

その年全日本登山体育大会が阿波《あわ》の国にそびえ立つ剣山《つるぎさん》（一九五五メートル）で開催された。剣山は四国の屋根と呼ばれ、石鎚山《いしづちさん》と並ぶ四国の二大名山である。

この大会の要項には「全国の岳人が集い、ともに登山することにより、登山技術の向上と交流を図ることを主目的とし、あわせて相互の親睦を促進しようとするものです。また、日本の美しい自然が現在、未来にわたって日本人の心を養い続けるものであることを念頭におき、自然保護に積極的な取組みをすることを誓いつつ実施するものです」とある。

第一回は、一九五六年（昭和31）に関西の大峯山《おおみねさん》、大台ヶ原《おおだいがはら》で行われ、剣山の大会は第五回目であった。

大会役員や長老が宿泊したのが三嶺《みうね》山（一八九三メートル）にある三嶺小屋で、伊藤はそのとき小屋の管理人をしていた。

こまめに働く伊藤を目にした吾策は

「おい君なんといったかな」

と酒のにおいをぷんぷんさせて言った。

「はい、伊藤です」

歯切れのいい返事である。

「ここで君は何をやっとるんだね」

誰しも見ればわかるような質問を吾策はした。

「小屋番をやっています」

まるでお笑いである。

「居候か、それはつまらん、それなら谷川に遊びに来ないか」

谷川という言葉に伊藤の胸が高鳴った。そして、この言葉が伊藤の将来を決定づけることになる。谷川岳は気象条件がきびしく、その中でも一の倉沢は難所として知られ多くの遭難者が出ているのも知っていた。伊藤にとって谷川岳は最後までとっておきたい山の一つだった。

その年、吾策とはそのまま別れたが、二年後の一九六三年（昭和38）に全日本スキー連盟が主催するスキーパトロール検定が新潟県妙高《みょうこう》高原スキー場で開かれ伊藤も参加した。そのとき谷川への思いがさらに募った。谷川岳の登山口である群馬県水上町、新潟県湯沢町から来た受験者たちは、夜になると酒を酌み交わしながら谷川のすばらしさを語った。参加者の一人が酔って「ここは谷川狭霧《さぎり》に濡れて…」ではじまる土樽小唄を歌うとさらに伊藤の胸が高鳴る。谷川に生きる自分の姿を想像してみるだけで楽しく胸がわくわくした。伊藤は、これまでの放浪のような生活にピリオドを打ついい機会だと思った。そして吾策の人間的な魅力も加わり、伊藤が土樽行きを決断したのは一九六九年（昭和44）十月の初め、三六歳のときだった。

土樽周辺が紅葉で赤く燃え、足拍子岳が青空の下で胸を張っていた。

一九六九年十月下旬、伊藤は初めて土樽の土を踏んだ。私が山荘で見た、仇討ちのような古風な名札のついた荷物の持ち主である。肩にはザック、胸に横線の入った青いセーターに黒ズボン、そしてゴム長靴。どう見ても土地の人間のようだ。そして、長靴に緑色のチロリアンハット、腕に全日本スキー連盟のワッペンのついた灰色のセーター、黒いだぶだぶのズボンで、伊藤を駅まで迎えたのは高波吾策本人だった。

「やー、伊藤くん待っていたよ。一杯やろうじゃないか」

吾策は自慢のひげをさわりながら言った。まるで旧知の仲のようである。

空気がうまいと伊藤は思った。

ホームから土樽山の家への小道を吾策が先に歩き、伊藤はザックを担ぎながらついて行った。ゲレンデはすでにスキーシーズンに向けて下刈りがしてある。刈り残したススキが風に揺れて陽光の下で光った。山影がセザンヌの絵のように青く見えた。山の家に着くと吾策は、食堂から新潟の酒「白瀧」の一升瓶を持ち出し、白地に青の丸模様の湯飲み茶碗に、酒をなみなみと注いだ。つまみは大根おろしにたらこをまぶしたものだ。

吾策は伊藤に湯飲み茶碗を手渡すと
「まずは土樽に来た伊藤くんに乾杯！」

と言った。

吾策は「ゴクゴク」とのどをならし一気に酒を飲んだ。

伊藤もつづいた。一気に飲むのが礼儀だと思った。

細かいことは言わないが、吾策の目の中に気遣いが表れているのを感じた。

「どうだね、土樽は」

と言うと吾策は湯飲み茶碗に自ら酒をついだ。

どうもこうも、返答のしようがない。今着いたばかりである。

土樽山の家一帯は、まるでランプの火が消えるようにしだいに暗くなった。外は足拍子岳の頂だけが紅色に輝き、その輝きが小さくなり消えると夜のとばりが迫った。風の音がした、吾策はまた酒を注ぎうまそうに口にもっていった。

「伊藤くんにはふだんは山荘にいてもらって、手が空いたら山の家を手伝ってもらおう。そして春になったら蓬峠《よもぎヒュッテ》の小屋に行ってもらうがどうかね」

伊藤はうれしかった。憧れの谷川岳の麓で仕事ができるのである。仕事の分担は吾策と三男の隆男が事前に決めていたようだった。

「伊藤くんどうだいもう一杯」

「はい」

「それに男はだね、一国一城の主でなくてはいけないぞ。伊藤くんわかっているかね。そこでだね、将来は自分で小屋を建てたらどうかね、応援するよ」

酩酊《めいてい》していても、人を気遣い、思いをなんでも語る吾策の人柄に伊藤はますます惚れた。

伊藤は、今でも初めて土樽の土を踏んだ日のことをはっきりと覚えている。

「その日は足拍子岳の頂に紅色の太陽が照りつけ実に印象的でした。写真で見たヨーロッパアルプスのマッターホルンのようでした。そして土樽の生活がはじまるわけですが、初雪の日には、山から粉雪が舞いきらきらひかり実にすばらしかった。冬には月明かりの中でアイスバーンは青白く輝きました。自然こそ僕の財産だと思いました」

おそらく伊藤にとって自身が抱いてきた理想郷《ユートピア》が、眼前に開けたと感じたに違いなかった。

伊藤の土樽での生活は、冬はスキー場や山荘の管理、客の接待、谷川岳で遭難者が出れば土樽山の家が救助本部となり遭難者の救助にあたった。そして雪解けとともにスキー場の片づけをし、四月下旬には蓬峠の小屋に入り、登山シーズンに向けて小屋や登山道などを整え、シーズンに入ると蓬ヒュッテに常駐し登山者の指導と世話をした。シーズン中は食料品などの荷揚げや山の家との連絡のため、蓬ヒュッテと土樽の間を何回も行き来した。もちろん遭難者がでれば救助にあたらなければならなかった。秋が深くなるとスキーシーズンに向けて山荘やゲレンデの整備もした。それが一年間の土樽のサイクルだった。

伊藤の仕事でもっとも滑稽なのは、高波吾策の講演会の代打である。吾策は年に何回かの講演を依頼されることがあった。

その日、講演会場の控え室で出番を待っている間、ちょびり、ちょびり、とはじめた酒がいけなかった。しだいに酒量が増し吾策はすっかりいい気分になってしまった。

吾策は伊藤の顔を見るとにこりと笑い、「はい、弁士交代」と言ってふらつく足で席を立ち、いなくなってしまった。困ったのは残された伊藤である。

珍妙な代打劇の顛末を伊藤に聞いてみた。

「いや、困りましたよ。突然ですからね、なんの話をしたのか覚えていませんがまいりましたよ、でも吾策さんのいいところはそこですよ。豪放磊落、小事にこだわらないことですね」

と伊藤は笑った。今だったら契約違反で賠償ものであるが、当時、それが許されるおおらかな時代であったと想像される。後日談だが、吾策は代打の原因を「酒があったから……」と平然と言ったそうである。

伊藤が吾策と同じような自慢のひげを伸ばしたのは、まだのちの話である。もしひげがあれば弁士交代劇は聴衆にばれなかったかもしれない。そうであっても、あまりに若すぎるそっくりさんであまりに滑稽である。

世界地図と探検家の本

山の家から蓬峠に行くには、まず土樽駅構内の階段を登り魚野川に出なくてはならない。待合室に登山客がいるとあいさつを交わすのも楽しい。そして足拍子岳を左に見ながら杉林を抜け、蓬沢

山の道標の整備中の伊藤（右）　【I】

づたいに林道から樹林を抜けると小さな台地中ノ休み場に出る。ここで休憩し茶入沢《ちゃいりさわ》をさらに登ると広大なチシマザサの笹原が広がる。笹は風にそよぎカサカサと音をたて波打つ、その光景は心を打たれるものがある。蓬峠は標高一五五〇メートルに位置し周辺には、シラネアオイ、オオバミゾホオズキなどの高山植物が多く自生し、夏に群生するニッコウキスゲは見ものである。

　雪解けがはじまると伊藤はスキー場のかたづけをすませ山に入った。山での仕事は、登山道の整備が主で、赤いペンキは万太郎山、黄色は蓬峠、グリーンは平標山と登山コースごとに色分けをした缶空をつけた。空缶だと自然を傷つけず後で回収できた。色別したのは「山というものは自分で工夫するもの」という師吾策の教えである。

　夕方になると登山客を迎え、朝になると登山客

蓬ヒュッテにて客を送り出す伊藤（左）　【1】

の装備を確認し出発を見送る、常に登山客のコンディションを把握する、これも師の教えである。

伊藤の心には、吾策の教えがいくつも残っている。

「山のルールを守らないものは出て行け」

「山は事故があると、人に迷惑をかける、絶対無理をしてはいけない」

「体調、天候が悪かったらすぐ引き返せ」

「山好きなら山で死ぬな」

まさに人生訓である。


大自然に囲まれた蓬ヒュッテの生活は快適だったが、梅雨時期になると客足が途絶え一人になった。そんなとき伊藤が常時携帯していたのが世界地図と探検家の本だった。

外は雨が降っている。ランプ一つの薄暗い部屋で暇になると地図を広げた、世界は広い、と思った。目は地図の上部に動く、北極がある、グリーンランドがある。探検家がそりに乗る光景が目に浮かぶ。山から下りても山荘で地図を広げのめり込んでいった。

十六世紀からはじまった多くの探検家たちの北への好奇心、探検家の歴史は科学技術の未成熟な時代にあって、それは悲劇の連続だった。なぜ探検家たちは、十九世紀になると北西航路（ヨーロッパから北西方向に北極海を通り、大西洋、太平洋を結ぶ航路）、北東航路（ユーラシア大陸の北を通り、大西洋、太平洋を結ぶ航路）の発見と北極点征服へと情熱を燃やしたのだろうか。伊藤は自分と同じ単なる好奇心なのだろうかと思った。北西航路発見のために出発して行方不明になったイギリスのフランクリン探検隊の悲劇、一九一一年（明治44）、南極に一番乗りをし遭難者たちを救助するために犠牲になったノールウェイ極地探検家ロアルド・アムンゼン、伊藤はいくつもの極地探検物語を読んだ。

伊藤の目が地図の下にいった。

そういえば日本にも、一九一二年（明治45）、一月二八日、南極探検に行った白瀬矗《しらせのぶ》陸軍中尉がいたと思った。それも伊藤と同じ東北人である。

白瀬は当初は北極点到達を目指していたが、北極探検計画中の一九〇九年（明治41）にアメリカの極地探検家ロバート・エドウィン・ペアリーが北極点に到達したことを知ると目標を南極に切り替えたのだった。

白瀬の探検隊二七名は、一九一〇年（明治43）十一月二九日に開南丸で東京芝浦を出航し、いく度も流氷やブリザード（雪あらし．暴風雪）に阻まれ一年二ヶ月をかけて南極大陸近くに接近した。そして、白瀬以下の五名の選抜隊員が南緯八十度五分の地点に日の丸を立て、そこを大和雪原《やまとゆきはら》と名づけた。当時の貧弱な装備と予想をはるかに超えた自然の猛威に白瀬は言った。

「一歩を進むあたわず。進まんか、死せんのみ。使命は死よりも重し」

白瀬と同時期に南極到達をめざしていたのはノールウェイーのアムンゼン、イギリスのスコット、だった。白瀬が南進を断念する約一月前にアムンゼンが南極点に到達し、十日前にはスコットが南極点に到達した。

白瀬の南極探検は、国からの援助を受けられず苦労をしての遠征だった。その後白瀬は残った膨大な借金の返済のため一生苦労することになる。

探検には膨大な費用がかかる。多くの冒険家、探検家が遠征費用の調達に苦労し、遠征後も講演やTV出演をしたりし、かかった費用の穴埋めをしている。今の冒険は、金さえ集めれば後はどうにでもなるとさえ言われている。

長く活躍した南極観測船「しらせ」は、一九八二年（昭和57）に就航した海上自衛隊保有の砕氷艦で白瀬矗陸軍中尉の名をつけたもので、二〇〇八年（平成20）四月に引退している。日本の南極観測船は、映画「南極物語」に出てくる「宗谷」が初代であるが、もともとこの船はソ連向けの貨物船として造られたもので一九七八年まで活躍した。そして二代目が「ふじ」、三代目が「しらせ」である。「しらせ」のオレンジ色の鮮やかな船体はテレビなどで見た方も多いのではなかろうか。ちなみに「しらせ」は一・五メートルの砕氷能力をもつ基準排水量一万千六百トンの鋼鉄船であり、「開南丸」は二〇〇トンの木造帆船である。

伊藤は今とは違う劣悪な環境と装備で南極探検に行った白瀬に畏敬の念をもち、ある種のあこがれをもった。白瀬は秋田県出身、伊藤は隣の青森である、それだけに身近に感じた。

伊藤はふたたび地図を見た。極地探検家、いい響きだと思った。そして白瀬が当初目指していた北極に行きたいと思った、その前哨戦としてデンマーク領の世界最大の島、グリーンランドだと心に決めた。グリーンランドは北アメリカ大陸の北東にある全島の約八十パーセントが氷床や氷河でしめられる世界最大の島。氷床内部の平均気温はマイナス三十度である。

伊藤が土樽で毎日世界地図を広げているさまは、周囲に奇異に映った。

「伊藤さん、毎日、毎日、地図を見て何をやっているのですか」

アルバイトで土樽山荘の手伝いに来ていたまり子が言った。

「グリーンランドにどう行ったらいいのか考えている」

「へー、伊藤さん、グリーンランドに行きたいのですか？　それなら私の同級生のお兄さんが行きましたよ。もし行きたいのなら話を聞いたら」

「行ったことある？」

まり子があまりにあっさり言うので驚いた。その男にどうしても会いたいと伊藤は思った。

「まりちゃん、悪いけどその人を紹介してくれないか」

「本気ですか、連絡してもかまいませんが」

「たのむよ」

そして彼女に紹介されたのが、日大山岳部ＯＢで極地にくわしい五月女次男《さおとめつぐお》だった。

まり子の一言が伊藤の冒険人生のはじまりだった。

土樽のひげ

すでに高波吾策の死については書いたが、亡くなった日の伊藤の動きを説明することが必要そうだ。その日水上町に遊びに行き帰って来た吾策は、体の不調を訴えた。

陸の孤島のような土樽に医者はいない、湯沢町にも大きな病気となると専門医療機関はなく、列車で長岡市まで出なくてはならなかった。

登山客を迎える高波吾策（右から２人目）　【１】

「おやじさん、背中に乗って」

「悪いね。伊藤くん」

吾策はかぼそい声で言った。

伊藤は吾策を背負うと下り列車に乗り長岡市内の病院まで連れていった。そして吾策の緊急手術は行われたがすでに手遅れだった。

そろそろ桜の便りの聞こえる三月だというのに南魚沼郡一帯は前夜よりの猛吹雪で視界は最悪の状態だった。吾策の遺体は朝六時過ぎ長岡ハイキングクラブの用意した車に乗せられ病院を出て越後中里駅に着いたのは午後一時だった。その間車は何度も雪の中に突っ込んだ。中里駅からは湯沢町が用意した雪上車に遺体を移し、隆男、五男の菊男などと土樽に入れるところまで入り、最後の一キロはスキー学校のスタッフも加わりスノーボートで土樽山の家まで運んだ。

その日通夜が行われたが、隆男が「おやじは暗いことが嫌いだった」と言い、棺の前でギターをもち、大きな声で歌った姿が、悲壮感を増幅させたのを覚えている。「吾策嵐」と呼ばれた吹雪は、吾策の葬儀が終わるとうそのようにおさまった。

伊藤のひげの話である。本格的に伸ばしはじめたのは吾策の死後である。四月から蓬峠に入った伊藤は不精ひげを伸ばしはじめる、もちろん長期に入山する場合には剃らないことが多いのだが、師である吾策に敬意を表し下山すればひげは剃り落としていた。

「伊藤さん、似合いますよ」

「かっこいいひげじゃないですか」

と周囲からは意外と好評だった。

伊藤は吾策と同じ場所で同じ仕事をして山に生きる、ひげを伸ばすことによって、伊藤の心の中に師への憧憬と山への愛情とが入り交じった。伊藤は師吾策に近づこうとしたのかもしれない。

その後伊藤はひげを剃らず「土樽のひげ」と岳人やスキーヤーから慕われるようになる。その生きざまを「二代目ひげ」という人もいるが、伊藤はそうは思っていない。

「私は二代目とは思っていません。吾策さんには吾策さんの生き方があったろうし、僕には僕の生き方がある。ただ冒険するときの僕の信条『生きて帰る』は、吾策さんの遺志を受け継いでいます」

私はひげのない伊藤を知っている数少ない一人だが、伊藤のひげは実にすばらしいと思うのだ。

初めての探検・グリーンランド

グリーンランドの犬ぞり

五月女次男のアドバイス

東京は抜けるような秋空だった。林立するビルの間を歩くザック姿の伊藤は、ビジネス街には不向きだった。

伊藤が極地にくわしい日本大学ＯＢの五月女次男に、指定された日本テレビ本社で会ったのは一九七一年（昭和46）十月のことである。

五月女はいかにも山男らしい体躯のがっちりした丸顔の男で、何より親近感をもったのは、伊藤と同じようなひげをつけていることだった。年齢は伊藤より四歳下の三五歳だった。伊藤は手短に自身のグリーンランド探検の夢を話した。

伊藤の話が終わると五月女は静かな口調で

「グリーンランドですか、きびしいですが、谷川岳のガイドをやっているなら、どうにかなるでしょう。協力はいたします。それでどのような方法でグリーンランドを攻めようとお考えですか」

と言った。

「実は市販の車を使って縦断しようと思っています」

「車ですか、そうすると市販のジープですね」

五月女はひげをさわりながらいぶかしげに言った。そして伊藤が「りっぱなひげですな」と言うと、一瞬間をおいて互いに笑い、一気に親近感が増した。

「ジープではなくトヨタ自動車の乗用車を予定しています。すでにメーカーとは接触しており、スポンサーとして動いてくれよう依頼しています。私の計画は乗用車で極地グリーンランドを縦走して、世界初の成果をあげたいと思っています。グリーンランド島は島全体が氷床で、一般公道や徒歩の道はなくまったくのオフロードであることも理解しています」

五月女は伊藤の目を見て、この男本気だなと思った。伊藤は話を続けた。

「車は氷河地帯を直線にして二千五百キロ走行します。私は約三十日を予定しています。グリーンランドの海岸地帯はフィヨルド（氷河の浸食により複雑な形状をしている入り江）のため走行不可能ですので、内陸の氷床を主に走ることになります」

五月女はグリーンランドを経験しているだけに荒れた氷床を走れるかどうか一抹の不安があった。しかし冒険とはそういうものであることもわかっていた。

「出発点は北緯六六度のゴッドホープで目的地を北緯七八度のチューレと考えています」

「伊藤さんそこまでお調べですか、実をいうと今お話を聞きながら驚いていました」

「五月女さんそこでお願いなのですが、コペンハーゲンにある国立地理院の詳しい地図を手に入れたいのですが、どうにかなりますか」

「コペンの国立地理院もご存じですか、驚きですね。地図を入手するのは簡単です。東京オリンピックの取材に来ていたデンマーク新聞の記者、ニボーアンデルセンと知り合いです。彼に頼んでみましょう。グリーンランドはＮＡＴＯ軍の管轄下にありますので、入島（床）手続きも彼に頼むといいでしょう」
五月女の親切な対応に伊藤は感謝した。

五月女と別れた後伊藤は、上野駅発二二時十三分の上越線長岡行に乗り土樽に向かった。この夜行列車は、夏山シーズンになると土合駅で多くの登山客を吐き出したが、この日は平日ともあって数人の登山客が下りただけだった。三時に伊藤が土樽駅に降りると微風が吹き足拍子岳の上には満天の星空が広がっていた。うまくすれば生涯で初めての冒険ができる、そう思うと胸が高鳴った。その日伊藤は眠ることができなかった。

あくる日、伊藤は睡眠不足にもかかわらず四十キロほどの荷物を背負い蓬峠に登った。峠から見える茂倉岳や武能岳《ぶのうたけ》などの山々がグリーンランドの岩塊のように見える。頭の中はそのことでいっぱいだった。見るものがすべてグリーンランドに見えるのだ。伊藤は蓬峠から土樽に下りるたびに、五月女と連絡を取り必要に応じて東京まで足を運んだ。その都度、五月女はグリーンランドの資料を用意した。話を聞けば聞くほどに、探検への思いが募る。しかし、探検には多額の資金が必要だ。あの白瀬中尉も国からの援助も受けられず、生涯借金に苦しんだという。しがない山番に軍資金などはない。どうするのか、大きく立ちはだかる難問だった。しかも伊藤は探検家としての知名度はゼロだった。グリーンランド行を実現させるためにはスポンサーを見つけることが不可欠であり、そのためにはスポンサーが飛びつくような企画をつくらなければならない。冒険家が最初に越えなければならない大きな壁だった。トヨタ自動車が動くかどうかの心配もあった。

伊藤は当時を振り返りこう言う。

「その頃日本は高度経済成長のまっただ中で、すでにモータリゼーションの波が押し寄せていました。そこで車を氷原で走らせ写真をとれば宣伝効果があがる。これこそスポンサーをつける最高の企画になると考えたのです。最低でも隊員は五～六名必要です。ドライバー、整備士はメーカーが出してくれるかもしれません。ほかにカメラマン、渉外、医務、学術などが必要です。渉外は重要です。そこで私は無謀ではありますが、当時朝日新聞編集委員だった森本哲郎さんを考えていました。森本さんは『文明への旅など』をすでに書かれており、知名度がありましたから」

伊藤は五月女のアドバイスを受けながら、グリーンランド氷原走行計画の詳細を練りはじめた。

伊藤周左エ門は、一九三三年（昭和8）青森県大湊《おおみなと》（現むつ市）の網元の家に生まれた。伊藤家は長男には代々周左エ門を名乗らせている。それで古風な名前なのである。地元の小・中学校に学び、県立田名部高校を卒業する。順当にいけば実家を継ぐ運命にあるのだが、伊藤は自衛隊の第二期航空特別学生になる道を選ぶ。多感な少年期を太平洋戦争の中で体験した伊藤が航空兵にあこがれ、パイロットを選んでも不思議ではない。この時期の少年の夢としては至極当然のことなのであろう。伊藤は自衛隊を退官するまでの七年間で、モールス信号、機上訓練、ナビゲータ技術、天測（航海者が船の位置を知るため、六分儀などで天体の方位、高度などを測定すること）、サバイバル訓練などを学び、これがのちの探検人生へとつながっていくことになる。

一九七二年（昭和47）、日本は田中角栄《たなかかくえい》の出した日本列島改造論でわき、日本の経済成長はまさに右肩上がりだった。元日本兵の横井庄一《よこいしょういち》が、グアム島のジャングルの中から発見されたのもこの年である。横井が発見されたときに言った「恥ずかしながら……」ではじまる横井の弁が記憶に残る人も多いだろう。高度経済成長の中にありながら、浅間山荘事件があり、日中国交樹立と札幌冬期オリンピック、そして「あっしには関係のないことでござんす」の「木枯らし紋次郎」が流行し、巷には「瀬戸の花嫁」が流れていた。そんな時代だった。しかし時代は冒険家にとっても追い風であったことも事実だ。

二〇〇八年（平成20）九月、米証券大手リーマンブラザースの破綻に端を発した世界不況は、日本にも押し寄せた。トヨタ自動車も例外でなく、減産そして従業員の解雇を余儀なくされた。今思うと、伊藤がグリーンランドの計画書を出した頃が、冒険者にとってはもっともよい時代だったのだろうと思われる。

その年の五月、伊藤の出した計画書（グリーンランド極地探検）はトヨタ自動車（本社東京九段）によって採用された。トヨタ自動車はクラウン、カローラ、トヨタ二〇〇〇GTなどの名車を次々に発表し、モータリゼーションの普及の中にあって国内生産累計は一千万台を達成、さらにカリーナ、セリカなどの新車を数多く出していた。

伊藤の出した計画書の趣旨は、グリーンランドのアイスキャップ上を車で走るというものだった。アイスキャップは、数十万年ほぼ定着している厚い氷の層で、氷の密度は高く、高さは氷山より高く約七五〇メートルあり、南極大陸と北極スピッツベルゲン諸島、そしてグリーンランドに見られるだけだった。問題はその上を乗用車で走れるかどうかだった。

伊藤の計画を無謀だという人もいたが、デンマークの極地専門家は、「ドライブをできないという否定的な材料は自分のところにはない、成功するとの材料もない。やってみるしかないだろう」というなんともいいわけのつかない説明を加えた。またある登山家は「決め手は時期と天候だろう、地形、路面状況は不可能ではない。成功すればすばらしいことだ」とコメントしたが、これも無責任な発言だった。ようするに、やりたきゃやれ、ご勝手にと、いうことなのだろう。

伊藤の出した計画書に基づいてトヨタ自動車が用意したのは、「足のいい奴」で売り出した新型カリーナ一六〇〇CCだった。覚えている方もいるのではないだろうか。俳優の千葉真一がさっそうと運転していた車である。まさにマイカー時代の到来でもあった。

長い間夢見ていた冒険への第一歩だった。

伊藤の計画は実現に一歩近づいた。

メンバーは、隊長でドライバーの高橋直宏《たかはしなおひろ》（兼カメラマン）、渉外・森本哲郎（朝日新聞編集委員）、整備士・石川一成《いしかわいっせい》（ドライバー）、通訳・石井良政《いしいよしまさ》、進行・ニボーアンデルセン（デンマーク新聞）そして登山家の伊藤周左エ門である。

隊の名称は「グリーンランド日本調査探検隊」であった。

輝く赤いトド号

トヨタの東京本社でメンバーとメーカー側の担当者が集まり、グリーンランド縦走への本格的な準備会議がはじまった。

「今回のプロジェクトでは、わが社がスポーツ的なコンセプトで売り出す新型カリーナ一六〇〇CCを予定しています。グリーンランドを走ったという実績は我が社の車の優秀性を世界に広めることになりますから、やるからには成功することを期待しています。凍てついた大地やアイスキャップという悪路を走るには、心臓部のエンジンを中心とした機関は、耐寒性にすぐれていなくてはなりません。足回りも当然耐氷雪を考えなくてはならないでしょう。そうなると足のいいやつカリーナが最適と思います」

「足のいいやつカリーナですか、響きがいいですね」

説明を聞いていた伊藤は思わず言った。

「走行中の室内温度はヒーターを使用して二十度ぐらいになります」

「外気温はマイナス三十度、その温度差五十度、フロントガラスは割れませんか」

メンバーの一人が聞いた。

「そこは大丈夫です。耐寒用の特別なものを用意いたします。ほかに質問はありますか」

「マイナス三十度の中でボディーに触れると凍傷になる危険がありますが」

「それはメンバーの方に気をつけてもらうより仕方ありません。マイナス三十度だと、バッテリーはすぐに上がります。もちろん今の技術で最高のものを用意しますが、とうぜん予備も必要です。室内温もバッテリーの持ちを考えると低めにおさえたほうがいいと思います」

「車高のことですが、今の高さだと三十センチの積雪で動かないと思いますが」

「車高は当然上げます。それより伊藤さん、現地と連絡を取ってガソリンの補強をどうするか調べることが必要です」

「その件は、デンマーク新聞のニボーにすぐに連絡をとりますのでご安心ください」

グリーンランド用の特別仕様タイヤ　【I】

「クレパス（氷の裂け目）やスノーブリッジ（雪でできた橋）を乗り越えるにはどうするつもりですか」

「本隊の十メートル前にリモコンカーを走らせて調査したらどうでしょう」

「それはおもしろい案ですが現実的ではないでしょう。リモコンカーとカリーナではあまりに重量に違いがあります」

メーカーの技術陣からは車輪を八本にする案、車体から羽根が飛び出す案、キャタピラ式自動車、タイヤにスキーを履かせる案など多くが出たが、最終的には極地仕上げ赤いカリーナに決まった。名前は『赤いトド号』である。

赤いトド号の車体色は、遭難時に位置を確認しやすいように夜光塗料で塗った朱色である。さらに車高は三十センチ上げ積雪対応とした。タイヤは、ブリジストンが開発した特殊タイヤにスウェーデン鋼のスパイクを三七四本埋め込んだものだった。そして自家発電機、無線機、バッテリーの室内格納、温度計など各種メーターの装備、強化ガラス、ボディー全体への断熱材の装着などできる限りの極地仕上げの工夫と改造をこらしたのだった。

伊藤は他の隊員よりグリーンランドに早く入り七日間にわたる事前調査を行った。その結果車はグリーンランドの西南部のサンドロ・スティム・フィヨルドに陸揚げすることが決まった。

陸揚げされる「赤いトド号」　【1】

一九七二年（昭和47）八月下旬、白く凍結したグリーンランドに陸揚げされた赤いトド号は輝いて見えた。

無念の縦断計画の中止

当時の探検隊の企画書にはこうある。

「グリーンランド（デンマーク領）は、北極に位置する世界最大の島である。その面積は日本国土の約六倍。氷に閉ざされた、この極地は、これまでに各国の調査隊によって何回か犬ぞりや徒歩、そして雪上車などにより探検が試みられましたが、南北二千五百キロの縦走はされていない——中略——今回のグリーンランド探検隊の目的は、全島の九十パーセントを大氷床というグリーンランドを市販の乗用車を極地用に改造して走破しようということにある。もしこれが成功すれば世界初の成果となる。」

いよいよ伊藤が夢見ていた冒険の第一歩である。日本調査探検隊の五人のメンバー全員がサンドレ・ストロム・フィヨルドの氷原に集まったのは九月八日のことである。これからはじまるグリーンランド内陸部の標高千五百メートル地点ナーサスアクまで行程にして約七五〇キロ、走行を前に隊員は緊張していた。

九月十五日、赤いトド号が静かにエンジンを回転させ氷原をゆっくりと走りはじめた。エンジンは軽快な音だった。氷雪を裂き岩盤にスパイクがあたると「キキーン、キン」と金属製の鋭い音が周囲に響きわたった。最高気温マイナス五度、例年になく温暖な気候ではあるが大地は凍結し、タイヤはこすれスリップする。スパイクが岩にあたるとガ、ガ、ガ~ンという音とともに車体を揺らす衝撃がハンドルに伝わる。台地の岩石部分にスパイクがかみ合わないのだ。金属音が周辺にさらに響きわたる。氷の上でスリップし立ち往生する、そのたびに伊藤はピッケルで氷を削り、隊員二人がリヤ・ステップに乗り全体重をかけ、残りの隊員が車の後部から押す。伊藤は座席にいるより車の周囲をうろちょろしているときのほうが多く、気持ちはあせるばかりだった。セスナ機で上空から偵察したときには予想もできないハプニングの連続だった。これが冒険だと伊藤は実感した。

ドライバーの高橋が右に左に忙しくハンドルを切る、それも小刻みに、しかしグリーンランドの台地はまるで迷路のように、起伏の激しい岩石地帯が広がり、氷塊が壁のように立ちはだかる。車の走行できる平地を隊員が必死に探すが、荒れ広がる氷床の中に車の通れる道を探すのはむずかしい。走行距離わずか七キロ、それが初日の成果だった。グリーンランドの雪原を軽快に走る光景を浮かべていた隊員の顔に、一日目にして疲労感があらわれた。

しかし落胆してはいられない。伊藤は大声で軍歌を歌い、隊員を勇気づけた。


二日目、昨日の遅れを取り戻そうと早朝より出発する。赤いトド号は軽快なエンジン音を響かせ順調に八〇〇メートルほど走ると一見草原に見える荒野に出た。伊藤が「走れる！　やれる！」と喜んだ瞬間、朱色の赤いトド号は粘土質の土の中にはまり込んだ。全員で外に出る。車輪の下を掘り毛布を敷きつめ、さらに周囲から石を集め詰め込む。それでも車は動かず蟻地獄にはまったかのように静かに沈んでいく。周辺から湧き出た水がマフラーまで達した。

北極地方の地質は、表面は砂状の粘土質の凍土でおおわれ、下層部は氷で構成されている。地球の温暖化が進むと凍土は溶け出し水になる。車がスタック（駆動輪が空回りして立ち往生してしまうこと）してから十時間にわたる悪戦苦闘の末、蟻地獄から脱出したが、隊員の服は泥と水にまみれそのまま凍りついた。隊員は疲労困憊していた。

白い大陸グリーンランドの太陽は紅色に周囲を染めていたが、大自然の織り成すいろどりを楽しむだけの余裕は隊員にはなかった。

三日目、マイナス十度、赤いトド号はエンジン音を周囲に轟かせ時速四十キロで走り、ワトソン川に到達すると氷上を慎重にわたった。昨日のスタックはうそのようにエンジンはリズミカルな音を立て、スパイクタイヤが氷を噛んだ。未知の地を走る爽快感が隊員全員の胸をよぎり、グリーンランド探検のパイオニアとしての役割が隊員一人ひとりの胸にみなぎった。その瞬間である、「ビ、ビーン」という氷の裂ける音がして氷層部が割れた。ドライバーの高橋は必死でハンドルを左右に切ったが、ドシャッという音とともに赤いトド号は川に吸い込まれ、厚さ三十センチの氷の浮力に支えられ右に左に揺れながら浮いていた。

例年にない暖冬、予期せぬアクシデントの連続、伊藤の隊につきはなかった。走行総距離三十キロ、もう前には進めない。ほうほうの体で車から出た隊員たちは、ただただ呆然とした。無念の極みである。グリーンランド日本調査探検隊は失望をどこにぶつけていいかわからない思いを胸にグリーンランド縦断を断念するしかなかった。その夜ランタン（灯り）一つのテントの中でミーティングが行われた。

隊員の顔は、ランタンの下で赤黒く、くすんで見えた。結論はすでに決まっていた。

「現実はあまりにきびしい、今年は撤退するしかありません。氷だけならなんとかなりますが、こう温かいともう前に進めません。今年は撤退します」

隊長の高橋が断をくだした。

伊藤はただただうなだれていた。

地球温暖化は、この頃からすでにはじまっていたのである。二一世紀になるとさらに加速し生態系を狂わせ、自然環境へ影響をあたえ、永久凍土の融解《ゆうかい》など多くの問題が噴出している。このことはまた後で述べたい。

伊藤の初めての冒険はこうして無惨な結果に終わった。

グリーンランド日本調査探検隊の隊員全員があきらめきれなかったのは当然である。何しろ走行距離三十キロなのである。別れの夜、持参した酒をアルミコップに満たすと別れの儀式が行われた。隊員は目に涙を浮かべ、翌年再挑戦することを約束し帰国の途に着いた。伊藤は再挑戦のため現地に残り調査をすることになった。しかし無情にも後日、日本から伊藤に届いたのはグリーンランド縦断計画の中止の知らせだった。

理由は当初の目的であるCM用フイルムも撮れ、宣伝効果が十分にあったというものだった。

伊藤は釈然としなかった。中止が決まった以上、伊藤の越冬も不必要となり、スポンサーからの越冬費用も打ち切られた。日本から再三にわたり伊藤に撤退要請があったが、伊藤は断固として断り続け一人越冬することを決意した。せっかくのチャンスである、赤いトド号だけが冒険ではない、金はないが隊が置いていった装備と狩猟でどうにか乗りきれるのではないか、それが本物の冒険と考えると意外と気楽であった。

雪原を行く犬ぞり

【1】

伊藤には大きな夢があった。北極点への犬ぞり旅行である。それには極地での生活を学び犬ぞりの操作技術だけは習得しなくてはならないと思った。今がそのチャンスなのである。

イヌイットと同じ狩猟生活

伊藤は、北緯六九度にあるヤコブスハンを越冬地と決めた。まだ植村直己もこの地には足を運んでいない、おそらく日本人では伊藤がかなり早い時期の越冬経験者と思われる。

ヤコブスハンは、グリーンランド各地を探検したグリーンランド生まれの探険家、ヤコブスハンの名からとったものである。

伊藤は、物珍しさで村人が集まるのを避けるためと村人に頼らないために、村から約四十キロ離れた雪上にテントを張った。

グリーンランドの冬は、谷川岳山麓の土樽に生活している伊藤にとっても過酷だった。グリーンランド日本調査探検隊が置いていった石油製品でできた防寒具では氷点下四十度の寒さをしのぐことはできない、まずはイヌイット（北アラスカからカナダ・グリーンランドの極地に住む人々）が使用している毛皮を手に入れることが必要だと思った。

遠く雪原の中に、犬ぞりが雪煙をあげるのが見えた。「ヤ！　ヤ！」とムチを振る男の姿がしだいに大きくなってくる。一人のイヌイット青年が白い息をはき物珍しそうに近づいてきた。もちろん彼の服装は、北極熊の毛皮である。その日から青年は遊びに来るようになった。伊藤と青年のコミュニケーションは、身振り手振りであるが、村の生活習慣や人々の生活ぶりを聞くのには十分だった。

ある日、青年は伊藤のラジオを欲しがった。伊藤は毛皮が欲しかった。必然的に青年の北極熊の毛皮ズボンとラジオは交換された。しかし伊藤の渡したラジオは寒冷地のため電池の消耗が激しく三日しか持たなかった。青年は電池を欲した。伊藤は極地での生活用品を欲した。このようにしてグリーンランド日本調査探検隊がおいていった物品は、アザラシの防寒具や防寒靴、そして犬ぞり用の犬へと化けていった。

伊藤はグリーンランドでの越冬生活をこう言う。

「一九七二年（昭和47）から七三年にかけての越冬は、その後の私の冒険人生の礎になりました。北グリーンランドの犬ぞりは十二頭で一チームをつくり、犬が扇条に広がるようにして走ります。北欧の林の中を走る横幅を狭く編隊を組むかたちとは異なります。これが広いグリーンランドとの大きな違いです。極地では犬にえさをやるのは一日一回二百グラムと決めます。腹を空かしているから犬は走るわけです。夜は犬の風下で寝ることが鉄則です。これは腹をすかした犬が人間のにおいをかぎとり襲ってくるのを避けるためです。日本から持ってきた犬ぞりは軽量化を図り作成したものでしたが走行中のちょっとした衝撃で分解しました。極地では乾燥しているために釘がゆるみ効かなくなるわけです。イヌイットのそり作りは生活の知恵から生まれたもので、鯨の筋などを紐状に結んで犬ぞりを組み立てる手法です。このような北極圏での生活のノウハウはすべて仲良くなったイヌイットに教わりました」

グリーンランド日本調査探検隊が『赤いトド号』とともに引き揚げると伊藤への支援はまったくなくなったことは、前述したとおりである。しかし生活はしていかなくてはいけない。

伊藤はグリーンランドで越冬生活をするため氷に穴を開けて魚を釣り、ライフルでアザラシを撃った。イヌイットと同じ狩猟生活である。しかししょせんは素人である、うまく狩猟をできない日もあった。犬が増えると当然のことながら食料が不足した。そんな伊藤を見て異邦人といえどもイヌイットたちは見捨てはしなかった。遠くから伊藤の生活を見ていたのである。収穫のないときはテントのそばに何気なく食料をおいていった。それは酷寒の地で生活するイヌイットの相互扶助だった。

伊藤は谷川岳では名うてのガイドであるが、グリーランドでの生活者としては初心者だった。ある日、氷に穴を開け魚釣りの用意をしていると伊藤の乗っていた氷が少しずつ流れ出した。彼が気づいたのはかなり流されてからである。氷上からの脱出法を知らない伊藤を救ったのはイヌイットだった。伊藤はそのときの体験を「恐ろしい経験だった」と述懐している。

グリーンランドに春が訪れると、白い雪原はしだいに溶けはじめ凍土があらわれる。青い空に鳥がゆうゆうと飛び交い、アザラシや白熊が動き出す。氷の割れ目からは鯨が顔を出し、塩を吹き出す。自然の織りなす光景に神の啓示を感じるときだ。

一九七三年（昭和48）四月、伊藤はグリーンランド越冬の総仕上げとして千六百キロの単独犬ぞり旅行を行った。一日約一〇〇キロを走る雪原の旅は、十五日間にわたった。伊藤にとって人生最大の至福のときである。

伊藤と同時期にグリーンランドに来ていたのが、五大陸最高峰登頂（ヨーロッパ・モンブラン、アフリカ・キリマンジェロ、南米・アコンカグア、アジア・エベレスト、北米・マッキンリ）の登頂をなし

ヨーロッパアルプスにての伊藤　【Ｉ】

とげ、すでに世界のウエムラとして有名をはせていた植村直己だった。

植村はグリーンランドの北部シオラパルクで犬ぞりの練習に励み、伊藤はヤコブハンで生活を送っていたが、そのとき二人は会っていない。

伊藤は越冬後、その足でヨーロッパアルプスのモンブラン、マッターホルンなどを登り、一九七三年（昭和48）十二月、一年三ヶ月ぶりに帰国している。

伊藤がヨーロッパアルプスに行く前年、天才クライマーと呼ばれた埼玉県大宮市出身の加藤保男《かとうやすお》は、ヨーロッパアルプスの三大北壁と呼ばれるアイガー北壁、グランドジョラス北壁、マッターホルン北壁を登頂し、七三年にはエベレスト登頂に成功している。私がヨーロッパアルプスに行ったのは七五年であったが、そのとき加藤などの日本人クライマーの名はヨーロッパでは、すでに有名であった。

カウンター席の小柄な男

植村直己から伊藤に電話が入ったのは、伊藤が新しい探検の計画をしていた一九七四年（昭和49）十月のことである。

植村の電話に、伊藤の胸はときめいた。植村は静かに言った。

「伊藤さん、僕は北極圏犬ぞり単独行を計画しています。その出発点をヤコブハンにしたいと思っています。一度お会いして現地のことをお教え願えないでしょうか」

これが電話の主旨である。

植村はゆっくりとした口調でていねいだった。あの世界の植村が、直接電話をしてきたのである。しかも山岳家にありがちな独りよがりや無愛想な感じはいっさいなく謙虚な感じを受けた。

植村との待ち合わせは午後八時、伊藤の弟がやっている東京巣鴨の焼きとり屋「鳥八」だった。その日の伊藤は日本テレビのスタッフや五月女次男、山岳カメラマンの小谷明《こたにあきら》と次の冒険「極北を走る、飛ぶ」の打ち合わせをしていた。

この企画は北極上空をハンググライダーで飛行するというもので、企画として通るかどうかの山場を向かえていたのだった。

まだ日本では、ハンググライダーの黎明《れいめい》期で本格的に普及するのは一九七六年（昭和51）の第一回全日本選手権からである。余談だが伊藤が石打《いしうち》スキー場でハンググライダーの練習中、グライダーともども谷底に突っ込んだのを記憶している。山仲間は伊藤の武勇伝をおもしろおかしく聞いていたが、伊藤には北極という壮大な計画があったのである。

壮大な計画の話し合いは長引いた。伊藤は時計を見る、植村との約束の時間八時はすでに過ぎていた。世界の植村を待たせるわけにいかないと思ったが、新しい企画が通るかどうかの瀬戸際だった。集まった関係者が最後に見たのは、三浦雄一郎《みうらゆういちろう》の南極ビンソン・マチフ峰滑降の録画だった。

これも次の企画のための貴重な参考資料だった。

その日伊藤が日本テレビの社屋を出たのは十二時近くだった。


東京には秋の冷たい風が吹きはじめていた。伊藤は「鳥八」の縄暖簾をくぐった、もう植村はいないはずである。約束の時間をすでに四時間以上経過していた。

店内を見渡した。カウンター席に小柄な男がただ一人、ビールも飲まずに静かに焼き鳥だけを食べていた。植村直己だった。伊藤は胸に込み上げるものがあった。世界のウエムラといわれる男がただひたすら伊藤を四時間以上待っていたのだ。

「伊藤です。待たせて申し訳ありません」

伊藤は頭を下げ大きな声で言った。

「いや、大丈夫ですよ」

と言うと植村は手を出し握手を求めた。植村の手からあたたかい体温が伝わった。

植村のほほえむ顔の中にまるで少年のように輝く瞳があった。

伊藤は植村の脇の縄で編んだ木製の椅子に座ると

「植村さんと同時期にグリーンランドにいたのですね」

と切り出した。

カウンターにある小さな招き猫が二人を見ていた。

「そうです、私はシオラパルクで伊藤さんはヤコブスハンでしたね。わかっていればお訪ねしたのですが」

植村はぼそぼそと言うと笑った。

「植村さん、五大陸最高峰登頂おめでとうございます。そしてお会いしたことに乾杯！」

伊藤の心は躍っていた。二人は一気にビールを飲んだ。植村は口元に泡をつけたまま
「ありがとうございます。伊藤さん、私は今回北極圏単独犬ぞり旅行を計画しています」

と言った。

伊藤の脳裏にグリーンランドの雪原が浮かんだ。

「いいですね、ヤコブスハンのことは私もよく知っています。成功を祈ります。私は、今、企画が通るかどうかわかりませんが、ハンググライダーで極点をめざそうと計画しています」

「それはすごい、企画が通るといいですね」

伊藤が植村のコップになみなみとビールを満たし、自分のコップにも入れるとコップを掲げ
「北極に乾杯」

と言った。そして
「それで植村さんの最終目標はなんでしょうか」

と付け加えた。

「と申しますと……」

「ええ、少し不思議に思っていることがあります。今まで植村さんの冒険は垂直志向でしたよね、それが今回は北極点を犬ぞりでおやりになる、あきらかに水平志向への変化だと思うのですが……」

「そうですね、よくお気づきですね。僕の究極の夢は南極です。あのアムンゼンやスコットのように……、その序章が北極圏です、そして北極点、南極へとつなげていきたいと考えています」

朴訥《ぼくとつ》でまるで冒険者というより、少年が夢を語るような口調、小柄でナイーブそうな男のどこに五大陸最高峰登頂をやり遂げる力強い冒険魂があるのだろうかと、伊藤は不思議に思った。

その夜、伊藤は植村にヤコブスハンでの犬の入手方法、訓練の仕方、食料、燃料の調達などを教え、最後には冒険への熱き夢を語った。

気がつくと店の外は明るくなりはじめていた。

伊藤は植村と初めて会った日のことをこう語った。

「あの日の植村のことは昨日のように覚えています。まるでやんちゃな少年同士が遊びの話をしているようでした。これから川に魚釣りに行き、どんな大物の魚を釣り上げるかのような会話でした。いつになっても少年のような気持ちを忘れない、それは何歳になっても必要なことですし、人生にとって重要なことです。彼からは多くを学ばされました、少年のような気持ち、純粋に夢を追いかけるそこに植村の原動力があると思いました」

その後伊藤の企画は却下され、ハンググライダーで極点をめざす夢は破れた。北極圏での気候、風がハンググライダーには不向きだったのである。

十一月に植村を北極圏に送り出すと、伊藤は酷寒の地から酷暑の地サハラ砂漠をめざした。

後日談になるが伊藤がコペンハーゲンにある国立地理院から入手したグリーンランドの地図は、植村が使い、一九九四年に北極海単独歩行、九九年に南極単独歩行を成功させた冒険家の大場満郎《おおばみつお》に渡っている。

植村直己と冒険

北極点単独犬ぞり行を終えた植村直己（写真提供：文藝春秋）

五大陸最高峰の征服

伊藤周左エ門は植村直己との出会いが相当うれしかったようである。

植村は前章で述べたように、伊藤に会うまでに五大陸最高峰征服をすませ「世界のウエムラ」となっていた。そのスーパースターが直接伊藤に教えを乞うたのである。そのときの印象を「律儀で素朴でまるで少年のようだった」と伊藤は語っているように、植村に会った多くの人たちが伊藤と同じような印象を植村にもっているのは、彼自身の謙虚な姿勢がそうさせると同時に、冒険にかける純な心がそうさせると想像することできる。

伊藤は思う、同じ冒険者として、ぽつりぽつりと一語ずつ話す、口下手のずんぐりむっくりの小男のどこからあのエネルギーが出てくるのだろうと。植村は伊藤にとって高波吾作と並んで尊敬できる男であった。

少し植村直己について触れておこう。植村は、一九四一年（昭和16）兵庫県城崎《きのさき》郡国府《こくふ》村（現日高町）上郷《かみのごう》の農家、父・藤治郎、母・梅の七人兄弟の末っ子として生まれた。上郷《かみごう》は東南に山を背負い、西には円山《まるやま》川が悠々と流れ、川のむこうには国府平野が広がる、植村はその自然の中で少年時代を送った。一九四一年といえば日本が真珠湾攻撃をかけ、太平洋戦争に突入していった年である。

あの戦争がなんであったのかは、どこかで書きたいと思っているが、その時代の世相が幼少期の植村の心の襞《ひだ》に残っていてもおかしくはない。年齢《とし》こそ違うが伊藤やこれから述べる多田雄幸の少年期と時代背景は似ている。もちろん植村は戦争中のことは記憶にないと思うが、彼が育つにつれ日本は破滅へと向かっていった。日本の敗戦時、植村は四歳、戦争は植村の心の中に何を残したのだろうか。冒険にかけ苦悩に耐える彼の生きざまを見るにつけ、戦争が何か影響したように思えるのだが。

植村が山と出会うのは、一九六〇年（昭和35）明治大学に入学したときのことである。それまで登山経験はなく、山村育ちの素朴な青年だった。田舎から大都会に出てきた青年が最初に陥ったのがコンクリートジャングルの中の孤独感だった。大学に入った六月には安保闘争があり、学内は騒然としていたに違いない。彼の価値観が崩れたことも想像できる。安保闘争は一九五九年（昭和34）から六〇年に起こった日米安全保障条約（安保条約）に労働者、学生、市民が反対した反戦平和運動で、一九七〇年（昭和45）にも展開されている。

東京駿河台にある明治大学の校内には、安保条約反対の看板が貼られ、その中に各クラブの立て看板やポスターが貼られ、新人を勧誘する声が響いていた。明治大学はラグビーも強い、野球も強い、しかしそれはもうプロに近い存在で植村が入れるような領域ではなかった。たとえば北京オリンピック野球日本チーム監督の星野仙一や読売ジャイアンツのＶ９時代活躍した外野手の高田繁は

ＯＢである。各クラブの話を聞き結論づけたのは山岳部だった。理由は「山村育ちの自分は山岳部ならやっていけるだろう、友人もできるだろうと」というきわめて単純な動機だった。そして明大山岳部で育んだ多くの経験が「世界のウエムラ」にしようなどとは、そのときは誰も予想もしなかったに違いない。

この年は貿易、為替自由化、安保条約の強行単独可決、三池争議、ダッコちゃんブーム、高度成長所得倍増計画、社会党委員長・浅沼稲次郎刺殺と政治経済そして文化と世相は激しく動き変化し、いい面悪い面でのエネルギーにあふれていた時代であった。

植村がエベレスト登頂などの五大陸最高峰征服を象徴する垂直志向からなぜ水平志向に転じていったかは、大学三年時の山行から推測することができる。その年、明大山岳部の春合宿は剱岳《つるぎだけ》で行われた。

剱岳は、富山県・飛騨《ひだ》山脈（北アルプス）にある標高二九九九メートルの山で、今では、日本百名山の一つに数えられている山である。峻険《しゅんけん》な岸壁は訪れる登山家を圧倒し、有名な日本三大雪渓（白馬大雪渓、針ノ木大雪渓、剱沢大雪渓）の一つ剱沢を擁している。

植村は合宿後、単独で奇妙な行動をとる。春山合宿で疲れていたのにもかかわらず、彼は積雪がもっとも多く危険地帯といわれる黒部峡谷《くろべきょうこく》に入り、阿曽原《あそはら》峠から剱沢を下り五日間の縦走をしたのだ。奇妙な行動とは、普通アルピニストは山頂をめざすものだが、彼は雪かき《ラッセル》をくりかし、雪洞生活を送り、峠は通過したものの山頂といえるものには到達していない。まるで熊のようでもある。

なぜ植村は、雪深い山奥で苦しいラッセルと雪洞生活をしたのだろうか。植村をよく知る専門家は、そのときからすでに彼の中に水平思考ができていたというが、結論づけるには早すぎるようにも思える。ただ単に自然に挑戦し、社会が騒然とする中で自己の存在を確かめていたのかもしれない。青年期には、理想と現実との狭間で、その矛盾に葛藤し悩むものである。それが成長につながるのもたしかである。その頃から植村自身がチームプレーより単独行を好んでいたのかもしれない。水平思考のきざしとはそういうことである。

植村を一躍有名にさせたのは、一九七〇年（昭和45）日本山岳会エベレスト遠征隊の第一次アタック隊として、松浦輝男とともにエベレストを登頂したときである。植村は本隊が三十人いながら彼自身が第一次アタック隊に選ばれたことについて、他の先鋭的なクライマー（登攀者）へのある種のうしろめたさを感じたようである。植村とはそういう男だった。

この年の八月に植村は、マッキンリー（北米）に単独登頂を果たし、それ以前に登ったモンブラン（ヨーロッパ）、キリマンジェロ（アフリカ）、アコンカグア（南米）エベレスト（アジア）を含め世界初の五大陸最高峰登頂を達成した。この年は植村がもっとも輝きを見せたときだった。

土樽で遊ぶ植村　【1】

遠征隊を組んだ場合、誰かが第一次アタック隊にならなければならない。それを誰にするかの権限は隊長にあるが、クライマーにとって初登頂なのか、そうでないかは、登山人生にとって大きな問題である。

たとえば一九五三年にエベレストに初登頂した英国隊のエドモンド・ヒラリーとシェルパのテンジン・ノルゲイの名前は永久に刻まれ語り継がれることになるが、二登は誰かとなるとまったくもうわからなくなる。ましてや無名峰だとその頂に初登頂者の名前がつくこともある。初登頂はクライマーにとって名誉なことなのである。

植村が隊編成のむずかしさを知ったのは、一九七一年（昭和46）に英国ＢＢＣ放送がスポンサーとなり参加したエベレスト南壁国際隊だった。クライマーにとってエベレスト登頂は一つの勲章であり、二回目、三回目になれば勲章はさらに輝きをますことになる。加藤保男は一九八二年（昭和57）十二月、厳冬期のエベレストに挑み三度目の登頂を果たしたが下山中に隊員の小林利明《こばやしとしあき》とともに消息をたっている。

海外遠征隊の場合、ヨーロッパアルプスでは少人数、または単独で、短期間のうちに登頂するアルパイン・スタイルが用いられ、ヒマラヤではベースキャンプを作り、キャンプ一、キャンプ二と徐々に高度を上げしだいに前進基地を設けていく方法をとる場合が一般的である。後者は、日本ではポーラー・メソッド（極地法）、シージ・タクティクス（包囲法）と呼んでいる。ヨーロッパアルプスはとりつきが近いためアルパイン・スタイルが用いられるのであろう。また近年、単独無酸素で短時間に頂にアタックする方法も用いられている。

ポーラー・メソッドは徐々に高度を上げていく間、高度順化をし、何回か偵察隊を送ることができるが、シェルパを雇い、大量のザイルや登攀用具を投入するため莫大な費用がかかるのが難点である。国際隊の一員になると、一流の登山家といえどもそうアタックの機会があるわけではない。そうなると当然初登頂を逸したくないと思うのは人情である。

エベレスト南壁国際隊に加わったのは先鋭的な十二ヶ国のクライマーたちであったが、この隊は船頭が多すぎたのである。

本来登山とは相互の協力のもとで行われるものだが、国際隊は一堂に会したたものの、登頂を競いルートの先頭は譲らず、ときには先陣を巡って争い、登頂の機会を失うと持ち場を離れ勝手に下山し、隊長の指示が気に食わないと隊長のテントに石を投げる者まで出る始末だった。純粋な山男が、と思うかもしれないが、これが現実なのである。

植村は国際隊に、先鋭的なクライマー集団、崇高なアルピニスト魂を描いていたのだが、あまりのひどさに失望した。結末は、当然のことながら分裂、登頂の失敗であった。

植村はのちに国際隊での人間同士の争いを、「人種戦争に終わったような登山だった」と表現している。あの純粋な彼が口に出して言うほどであるのだから、相当な人間同士の醜い争いがあり、彼自身苦悩し傷ついたと思われる。

植村はマッキンリー単独登頂を果たした直後、関係者に「南極に犬ぞりで行きたいと漏らしている」。

一九七一年（昭和46）の国際隊での醜い争い、植村が水平思考へ自身の冒険を転化し、以後単独行となる直接の要因がこのへんにあるように思えてならない。

植村がどのような経緯で国際隊に参加したかはわからないが、すでにエベレストに登頂している植村にとって国際隊への参加は不必要だったのかもしれない。

シオラパルク村の生活

そしていよいよ植村の水平思考への冒険がはじまる。一九七二年（昭和47）九月、植村直己はコペンハーゲンからグリーンランド最北端の集落シオラパルク村に着いた。伊藤の赤いトド号が陸揚げされた一ヶ月後のことである。約二十軒の平屋建ての家屋が点在するシオラパルクは、北極点までは千二百キロの距離がある。

この集落の人々はエスキモー社会の中でも、今では少なくなった狩猟生活をしている人たちで、北極圏での旅行では彼らから学ぶことは多かった。

初めての地、エスキモーの言葉を解せない植村はNHKのラジオ体操を大きな声を張り上げ「いち、に、さん」と号令をかけ、身振り手振りでやることによりコミュニケーションをはかったというから、いかにも彼らしい。伊藤の行動様式と共通するところがある。もともとモンゴロイド系（黄色人種）の日本人はエスキモーと肌の色や風貌がよく似ていて互いに親近感が生まれたと思われる。そして植村のパフォーマンスが村人たちの気を大きく引くことに役立ったわけである。それはそうである。雪上で白い息を吐きながら植村が満面の笑みを浮かべ、「いち、に、さん、にい、に、さん」とかけ声をかけるさまは、いかにも滑稽である。

植村は村人の家に招待され、エスキモーの隣人であるかどうかを試される。最初の洗礼はカリブーの生肉だった。仲間になれるかどうかの瀬戸際である、カリブーの肉を口に入れるとグニョとした触感がある、一気に肉を飲み込んだ。そのときの様子を植村は「胃がけいれんを起こし胃液が逆流してくる。それをぐっと飲み込んで押さえた」(『極北にかける』から)と言っている。

植村はエスキモーへの仲間入りの儀式を無事に終えると、次の日から犬ぞりや極地での生活を彼らから学び、村人の中にとけ込んでいった。そして北極圏旅行への準備を着々としていったのである。伊藤が村人から離れ暮らしたのとはずいぶん違う。植村はエスキモーになりきろうとしていたのだ。


五大陸最高峰を登頂し名を轟かせた後も、植村の少年のようなキャラクターは変わらなかった。植村をよく知る人は「彼だけはいつまでたっても純朴、珍しい男」「他の登山家の非難を浴びない唯一の人」と言っている。

その植村も「僕はたいそうなことは何もしていません。普通の社会人としてやっていく自身がないから、こんなことをしているのです」ときわめて謙虚だった。

明治大学卒業後、就職試験に失敗した負い目のようなものがあったのかもしれない。

シオラパルクで植村は村人の中にすぐにとけ込み、村人から「ナオミ」と呼ばれ好かれたようである。その証拠に植村はシオラパルク村の長老格、イヌートソア、ナトック夫妻の養子となっている。名前はもちろん「ナオミ」である。

植村の約一年間にわたるシオラパルク村の生活は、狩猟にはじまる北極圏で生活や犬ぞりの扱い方など多くを学び、南極への夢をさらに近づけたのだった。

一九七三年（昭和48）二月、植村はグリーンランド生活の総仕上げとして約三ヶ月にわたる単独犬ぞり旅行に出かける。走行距離三千キロ、伊藤が犬ぞり旅行をしたときの約二倍である。

もしもの話であるが、この犬ぞり旅行中に雪原の上で二人が会ったとしたら、おもしろい冒険旅行の新たなる展開があったであろうと想像される。

帰国すると植村は南極への序章としてグリーンランド、カナダ北極圏、アラスカ北部海岸を結ぶ一万二千キロの犬ぞり旅行に挑むことになる。五大陸最高峰の征服という垂直方向への挑戦から水平方向への本格的な挑戦である。両方の氷の世界を知った植村は、極限の旅のむずかしさ、きびしさをよく知るがゆえに周到な準備をする。植村の周到さは、クレパスに落ちないように長い竹竿を腰につけたことからもうかがうことができる。

伊藤との接触は、北極圏単独行の出発点をヤコブハンにする植村の情報収集であり、植村の用意周到な一面でもあった。そこに偉大な冒険家植村直己の心情が見え隠れするのだった。

植村は言う「本当は怖くて、怖くてしようがないんです。だからできるだけの準備をします。それが自然を前にして僕ができることです」

そして一九七四年（昭和49）十二月、植村は北極圏一万二千キロ単独犬ぞり旅行に旅立ったのだった。

植村直己の冒険行は、明治大学を卒業し就職試験に失敗した後、アルバイトで貯めた金を元手に、一人リュックザックに登山用具を詰め横浜港から移民船「アルゼンチン丸」に乗りアメリカのロスアンゼルスに渡った、一九六四年（昭和39）五月にさかのぼる。この年の十月、日本では第十八回オリンピック東京大会が行われ九四ヶ国の選手など五千五百人が参加した。まさに高度経済成長期の象徴ともいうべきイベントだった。オリンピックでわく東京を尻目に植村はどんな気持ちで日本を発ったのだろうか。その心境を「アメリカに渡り稼いでアルプスやヒマラヤの山に登りたい」と言っている。しかし財布の中身はわずか五万円、仲間から「神風特攻隊」と呼ばれたのも当然のことであろう。

アメリカに渡るとブドウ園で働くが不法就労でつかまり、幸いなことに強制送還だけは逃れ、ヨーロッパに渡りモンブラン単独登頂をめざすが失敗、その後、スイスに渡りフランスとの国境の村モルジンヌ・スキー場でパトロール隊の職を得ている。スキー場で植村を面接したのは、一九六〇年（昭和35）アメリカのスコーバレー冬季オリンピック滑降の優勝者ジャン・ビュアルネだった。彼は体を抱え込み抵抗を少なく滑降する姿勢、いわゆるクローチングスタイルの「ビュアルネの卵」を考案した人物でもあった。今の競技スキーの中でも、体を抱え込む、このフォームは使われてい

アルプスの名峰マッターホルン　【C】

る。

植村がスキーの名手だという話は聞いたことはないので、華麗なゲレンデスキーではなく泥臭い山スキーだったことが想像できる。もっともヨーロッパでスキーを楽しむ人たちは、スキーの華麗さより、いかに楽しむかを目的にしているので、それでよいのかもしれない。そしてモルジンヌ・スキー場を登山資金を稼ぐ場所とし、また山登りの基地とする。

それにしても、あの有名なビュアルネと出会ったことは幸運である。人生にはいくつかの幸運が訪れるが、このときの植村がまさにそうだった。

モルジンヌ村からヨーロッパアルプスの代表的なシャモー針峰《しんぽう》群やモンブランは三十キロほどの距離にある。植村にとって垂涎《すいぜん》の山群が目の前にあったことになる。岳人なら誰しもワクワクするであろう。

ヨーロッパアルプスは日本アルプスと違い町や村

からの登山アプローチが短く、三千から四千メートルの山々を眼前で見ることができる。例えば、アイガー北壁は、クライマーの登る姿を麓のクライネ・シャイデックから望遠鏡を通して見ることができる。そして登山電車が完備していることも日本とは大きく異なる点である。その山容も実に美しく、自然保護のため早くから電気自動車などを導入している。

植村が胸を躍らせ、モルジンヌ村からシャモニー、グリンデルワルト、ツエルマットなどといった登山基地を飛び回ったことが想像される。私もこの周辺には何回か訪れているが、いつ行っても魅力にあふれているところだ。

ここではアメリカのぶどう園やモルジンヌ・スキー場での植村の生活の詳細は述べないが、行く土地、土地で好感をもって迎えられたことは事実である。

植村の本格的なアルピニストとしての開花は、一九六五年(昭和40)五月、母校明治大学のヒマラヤ・ゴジュンバカン峰登山隊にスイスから飛び入りした頃からである。その後、五大陸最高峰登頂や水平思考を思わせるアマゾン川いかだ下りなどに挑戦している。その経歴は実に多彩であり冒険のパイオニアであったといえる。

日本を発ってから十年、南極への序章としての北極圏犬ぞり単独行はあまりにも過酷な冒険であった。

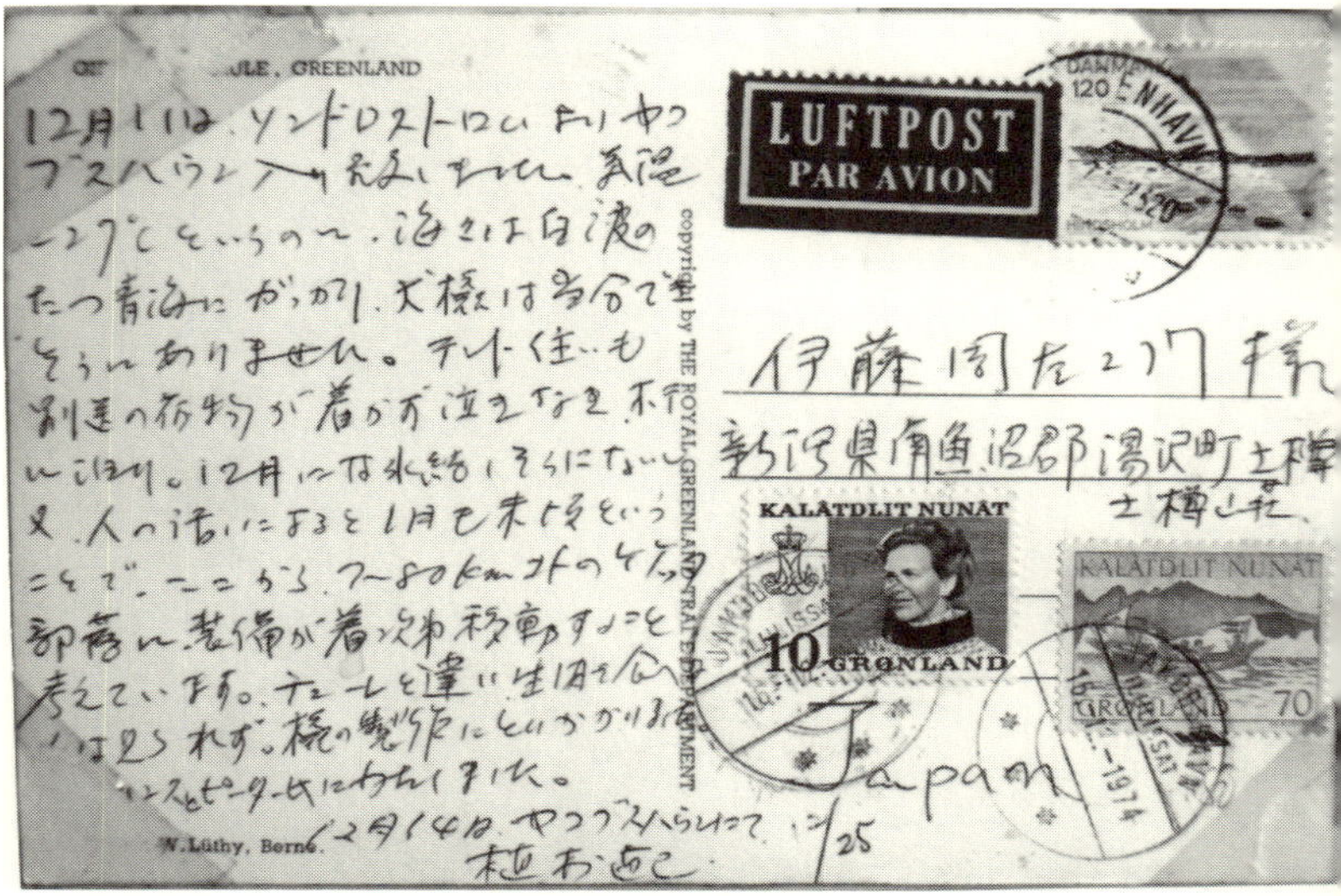

植村直己の手紙 【1】

白一色の世界

グリーンランドに着いた植村は、伊藤に何回も手紙を出している。その手紙は今も伊藤のところに大切に保管されている。

伊藤周左エ門様
十二月十一日、ソンドロストロムよりヤコブスハウンに入りました。気温マイナス二七度というのに海は白波のたつ青海にがっかり、犬橇《ぞり》は当分できそうにありません。テント住まいも別送の荷物が着かず泣き泣きホテル泊まり。十二月中には氷結しそうもないし、又、人の話によると一月も末頃ということで、ここから七、八十キロ北のケケック部落に装備が着き次第移動することを考えています。

チューレと違い生肉は食べるのは見られず。橇の制作にとりかかりました。
ヤコブスハウンにて　　植村直己

手紙には、氷結しない海への懸念や探検への準備をする植村の心境をかい間見ることができる。

十二月二九日、植村は十二頭の犬と約三〇〇キロの荷物を積んだ犬ぞりとともに、グリーンランド・ケケルタータ部落から一万二千キロの旅に出発した。

エスキモーも誰もいない極北の地での一人旅、雪原、巨大な氷河の垂れ下がった谷、雪のない岩場の登り降り、気温マイナス三四度、太陽のない暗闇、わずかの星明かりをたよりに地図とコンパスだけで進む。「ヤー！　ヤー！」と植村の鞭《むち》打つ声がするがすぐに凍てつく、犬は疲れよたよたする。鞭は氷の棒状になり、植村のアザラシの手袋は凍り堅くなった。まさに極限の状態である。

誰にも頼ることができない、北極圏での行軍、吐く息はすぐに白い結晶となり、それは襟元から入りセーターと羽毛服の中で氷結する。エスキモーから譲ってもらったシロクマの靴は、大きいのかそれとも履き慣れないためなのか何度も脱げた。雪原は荒れ、ときには四五度近くある氷壁を十二頭の犬でそりを引き上げるのに数時間かかることもあった。覚悟はしていたものの想像を絶する極北の世界だった。

元旦の朝、植村は奮闘の末イケウサック部落に着いた。思わぬ東洋からの珍客に村人は驚き、歓迎のしるしとして、温かいアザラシの汁とオヒョウでもてなした。旅行中の心温まる瞬間である。

ウマナック部落に着いた夜は、天空に神秘的な色を醸《かも》し出すオーロラが右から左へとまるでカーテンのように移動していった。植村はただ天空を見る、生きていることへの喜びと感動が込みあがる。単独でそりを走らせていると、苦しいときは死を呼ぶ悪魔のように見えるオーロラだが、安全が確認され余裕が出ると自身を見守る神のように見えるのだった。

植村はエスキモー部落でサバイバル訓練を積んだはずだったが、現実は遥かにきびしく、ライフルはうまく使えず犬に十分な食料を与えることができなかった。ある日、植村がそりのひもをほどこうとしたとき、一頭の犬が植村の手袋に噛みつき奪った。腹を空かせた犬は皮ならなんでもよかったのだ。走ることが学ぶことであり、アクシデントが生きるすべを植村にさずけた。

サシビッツ部落へ向かう途中、そりの前を走っていた三頭の犬が海水にはまりそりごと新氷の中に落ちた。「あ!」という間もない出来事だった。北極圏で人が海中に落ちたら三十分ともたない、凍死だ、植村はとっさにそりから飛びおりると氷上を四つん這いになって逃げた。植村の手に残ったのは鞭一つだけ、そりは海中に見る見るうちに食料など全生活用品を乗せ沈んでいった。絶望感が脳裏をかすめた。

「だめだ、俺は死んでしまう」

と思ったが、大自然の不条理《ふじょうり》に逆らうことはできずただ恐怖感だけが襲った。

エスキモーが住む次の村までは遥か遠く、とうてい極寒の中で装備なしではたどり着くことはできない。植村はそりの沈んだ場所を見た。新氷の中から小さなあぶくが上がっていた。「もう俺も駄目か」と思った。今までにも危険な目には何度も遭った。身を守るすべてのグッズが今は海の中にあるのだ。その瞬間、沈んだそりが浮かび上がってきた。植村は氷のふちに静かに腹這いになり、ナイフを取り出しそりのロープを切り、荷物を慎重に手前に寄せた。そして防水布にくるまれた荷物を氷上に乗せる作業を何度も繰り返した、食料も無事だった、衣類を入れてあるトランクの中は、少しぬらしただけですんだ。不幸中の幸いである。植村には運があったが、その後も苦戦は続いた。

ウペルナビクの町に近づいた時、においに敏感な犬たちはちょっとした植村の油断から人家に向かって逃げだし、その後植村は手でそりを押し町にたどりついた。冒険とはちょっとした油断が命取りになると思った。

北極圏で汗をかくことは禁物だ、作業をするのにも汗をかかないように注意する、命取りになるからだ。顔面はすぐに凍り、凍傷にかかる危険がある。陸地と同じことをやっていてはだめだ。一年間のエスキモーとの生活で北極圏での生活を知ったはずだったが、難題はいくつも植村に襲いかかった。

その一つがホワイト・アウトだった。あたり一面霧がかかったように白一色の世界になり方角を見失う、植村も二日間迷い彷徨《ほうこう》したときがあった。

二十日目でカナダ領最初の村グレイス・フィヨルド部落へ到着した。

その後も想像を絶する乱氷群に阻まれ何度もそりは横転した。そのたび三〇〇キロの荷物をほどき荷物を載せかえなければならなかった。荷物の載せかえも慎重を要した、汗をかかないようにし、シロクマの襲来に周囲を注意する必要があった。植村はシロクマの足跡を見つけるとおびえた。マイナス三十度ではライフル銃が使えないからだ。

二月に入り春の兆しが見えると、氷の下に隠れていた太陽が地上に戻り旅行しやすくなった。

北極圏を走破

書くのを忘れたが、植村直己は、一九七三年（昭和48）グリーンランド単独犬ぞり旅行を終えた七月に近所の住む野崎公子と出会い、翌年五月に結婚している。妻公子に宛てた手紙から植村の苦難の冒険を知ることができる。

（植村が妻に宛てた手紙から）

「昨夜、一月二二日夜十時過ぎウパナビックに到着した。八頭の犬であった。午前のフノロベンという村からウパナビックへ八十キロ、半分も進まない島の間で犬を休め、手綱をなおしているとき、突然、犬に逃げられた。どうにか八頭の犬は手綱を引きとめたもの五頭の犬はとうとう帰ってこなかった。三〇〇キロ近い橇《そり》、八頭の犬で月明かりの中、橇の後ろから押して、どうにかウパナビックにたどりついたものの、犬に逃げられたときには、どうなるかと思った。」

「東京ではいせいよく金集めのためにホラを吹き集めたものの、いざ本番となると、それは想像以上だ。部落から部落、山から山、自動車道路のように道がある訳ではない。地図を見て、氷の張っているところ、雪のある谷、湖をとおるのだ。」

「犬はまだ私になれず、テントの前につないでおいても、手綱を切って逃げる。胴バンドが凍てつき切れてしまう。犬のエサに凍結した肉、魚を割ってくれてやらねばならぬ。犬橇中はムチで方向をドライブしなければならない。終始氷を見て、地図と磁石で位置を確認しなければならない。太陽があればいいけれど、星やオーロラの明かりではどうにもならない。一日の犬橇が終わって橇をとめ、海氷に穴を開け、犬のタズナをとめる。テントを張る。犬にエサをやった後、テントに入り、始めて石油コンロをたき、凍てついた体をほぐす、テントの中で濡れた靴をはずし、手袋、帽子と共に、一滴の水分がない程、乾かさなければならない。朝、紅茶にビスケットをかじったきり、夜まで何も食べない。だから夜はテントの中で凍肉のアザラシか、オヒョー（魚）を生でいっぱい食べる。そのあとは、靴下のほころび、手袋の修理、とつづく。」

（植村、妻に宛てた手紙から）

「今日は二月十八日、気温マイナス三八度、今年最低。ウバナビック区域の北端を二月十一日に出て、今日で八日目、チューレ地域南端の村サビシビックまでまだ一〇〇キロ以上ある。毎日海氷上を懸命に犬を追い立て一人橇を走らせている。三～四日中にはサビシビックの村につける予定だ。十二頭の犬でゴットソア出発するもボス犬が負傷、手綱をはずし十一頭の犬、六頭のアザラシを積んでいたものの、今日一頭残すだけ（約二日分の犬の食料）。十五日はこの橇旅の中で忘れられない日であった。陸が見えない程沖合を走っていると氷始めた新氷にぶちあたり、橇と犬もろとも海水に落ちた。俺はとっさに逃げ助かった、橇は沈んだが犬が海水に這い上がり、沈んだ橇を上げることができた。マイナス三二度、橇に積んでいたもの総て濡れた、トランクの中の着替えも濡れ氷と化した。思い返せば恐ろしい出来事であった。」（『植村直己　妻への手紙』文藝春秋から）

一九七七年（昭和52）四月、植村の「ヤーヤー」と犬に鞭を打つ声が聞こえてきたのは、最終地点、アラスカの小商都コッビューである。残った九頭の犬とともに時速十五キロのスピードで植村のそりは最終地点へと海氷上を滑るように走った。到着時間、九日午前七時四十分、植村のそりを多くの大人や子どもたちが迎えた。人々は「口々に本当にグリーンランドから来たのか」と何度も聞き、植村がエスキモーでなく日本人だということが信じられないようだった。北極圏一万二千キロ犬ぞり単独行を地元のラジオは「マン・フロム・グリーンランド」（グリーンランドから来た男）と讃え、そのニュースは世界に配信された。

植村はそりから降りるとリーダー犬アンナに近寄り「終わった。ありがとう」と何回もほほえみ頭をなでた。アンナはグリーンランドから植村とともに走り抜いたただ一頭の犬だったのである。

この冒険は空からの物資補給もいっさい受けない、ＧＰＳ（汎世界測位システム）にも頼らない本当の冒険だった。

伊藤周左エ門様

昨年十二月暮れ、ヤコワスの北ケケック部落より犬橇の旅を開始、十二頭の犬と共に北西岸氷上を北ウマナック、ウペナミを経て二月にはメルビルベィを通過し約二千〜二千五百キロを走ります。三月チューレに無事到着いたしました。いよいよこれから三月末より海峡を渡りカナダに向かいます。果してカナダ、アラスカまで犬橇走らせることができるよう。マイナス三十度を越す毎日ですが太陽がてり橇もやりやすくなりました。

三月八日チューレにて　植村

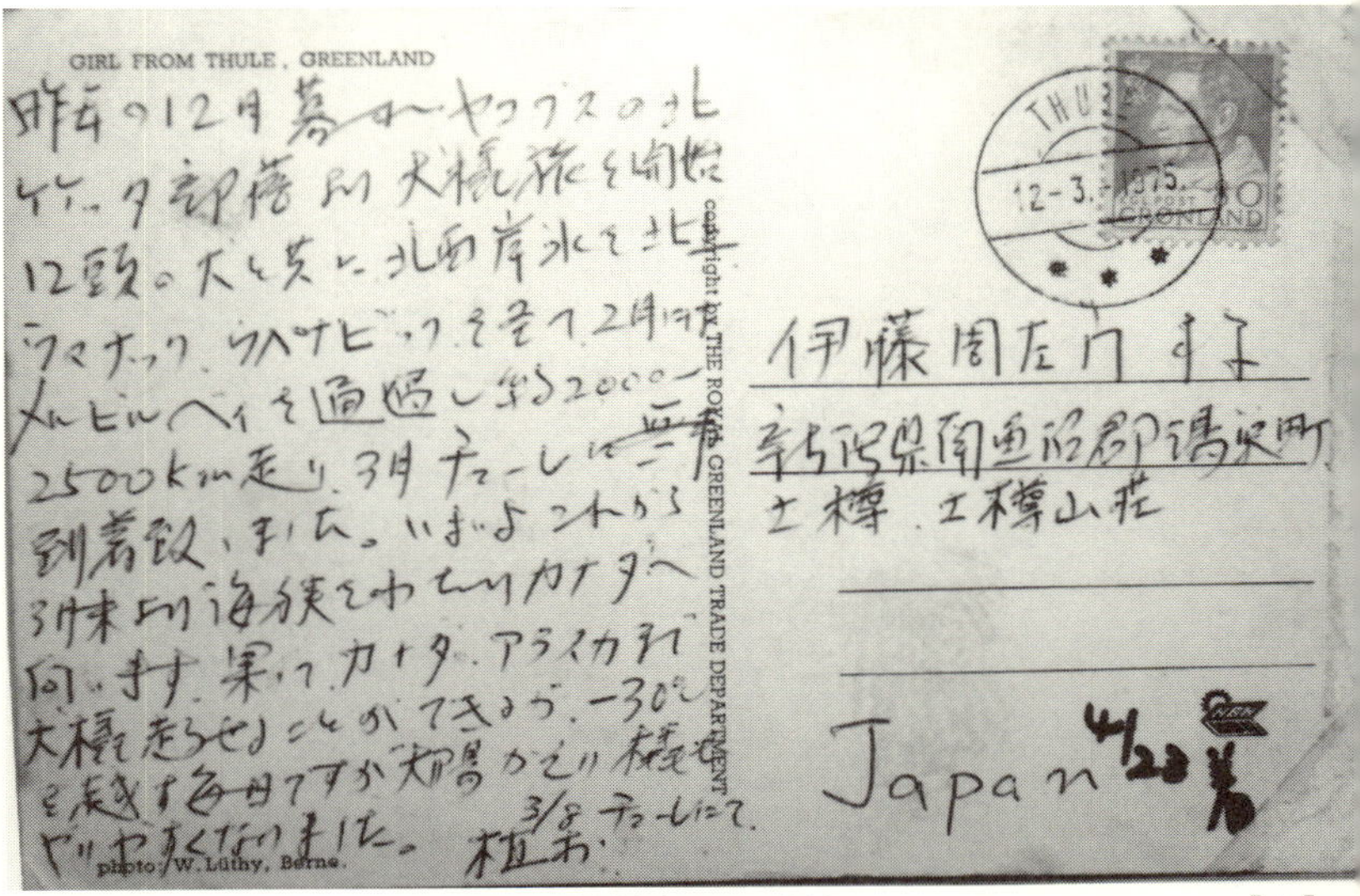

植村直己の手紙　【1】

伊藤周左エ門様
　極地に太陽が二四時間まわるようになり春がやってきました。私の橇旅もどうにか順調に進行、五月末～グリーンランドにわたり、カナダへ渡り、五月四日～は地球の極磁極にあるレゾリュウートというところに十一頭の犬で到着、十日間犬を休養させた後に次の地へ（千二百キロ南のスペンスベイ）向かいます。今夏の越夏はまだどこになるか定まらず、氷の可能なかぎり前進しておいて来春にはベーリング海に到着させたいと頑張っております。
　レゾリュウートにて　五月七日　植村直己

伊藤は植村からの手紙を読むたびに白い雪原を走る植村の姿を思い出した。そして好きなことをとことんできる植村をうらやましいと思った。誰にも頼らず自身の手だけで北極圏を走破する、これこそ本当の冒険であり男のロマンである。伊藤は植村の成功を心から祈った。

余談だが、植村の快挙は日本でも多くの人々に讃えられた。その勇気ある行動が、全国小・中学校の校長先生から朝礼などで感動をもって伝えられ、また道徳の授業などで担任の先生によって伝えられたことを付け加えたい。それは未知の世界に果敢に挑む冒険家植村直己へのエールでもあった。

その時代を振り返ってみるとまだまだ日本に経済的な体力があり、希望を抱くことができる時代であったともいえる。子どもたちが将来に夢をもち、大人たちが冒険者たちから夢を与えられる、今の社会情勢を考えると、植村が冒険をした時代がなつかしく感じられる。しかし、どのような時代であれ、若人には植村のように目標に向かい果敢にチャレンジしてほしいものである。それはどのような分野でもかまわない。挑戦することは若さの特権でもある。

北極点とサハラ砂漠

北極で天測する伊藤

【1】

長岡出身の多田雄幸

植村直己の北極圏一万二千キロ単独犬ぞり旅行は、高度経済成長にわく日本国民に多くの感動を与えた。ウサギ小屋に住み、働き蜂と悪口をたたかれた日本人にとって植村の自由奔放な生き方は、日本人のなし得ぬ夢とオーバーラップした。まさに時代の英雄だった。

この快挙に北極圏の情報を与えサポートした伊藤は、「まるで自分がなし遂げたようにうれしかった」と喜んだ。

北極圏一万二千キロ単独犬ぞり旅行は、植村にとって南極への序章にすぎず、次のステップ北極点がまっていた。しかし北極点行はエスキモー部落の点在するグリーランド周辺とは異なり、極点まで氷上が続き食料や犬の補給を受けられないという状況があった。

北極点までの予定コース直線距離にして約八〇〇キロは多くの課題があった。旅行中犬はきびしい環境に耐えることができるか、磁石の使えない北極で位置を確認するにはどうすればいいのか、アザラシやオヒョウの捕獲できない地域での食料の調達をどうするのか、そして最大の問題は資金だった。

一九七七年（昭和52）十月、日本山岳会や明治大学ＯＢそして植村の友人が集まり東京・霞ヶ関で「植村直己を励ます会」が行われた。

その中にいた伊藤は当時を思い出し「植村さんの苦悩はその頃からはじまった」と言った。

「植村さんはあのようなはでな会は好みませんでした。北極圏単独犬ぞり旅行は、狩猟生活をしながらエスキモーの点在する村をときどき訪れ補給もできました。予算的には数百万円規模だったと思います。しかし北極点をめざすにはサポート隊を編成し補給を飛行機でする、となると二億円近い予算を必要としました。すでに彼は世界のウエムラになっていましたからスポンサーは黙っていませんでした。しかしそれも植村さんが成功してのことです。励ます会の後も大手広告代理店が中心となり資金集めが行われました。植村もそのたびに出なくてはいけない。もともとそういうことの嫌いな男です。彼のつらい心情が、私には手にとるようにわかりました」

ある日、土樽の伊藤のところに植村から電話が入った。伊藤は植村が探検より下界の生活に疲れきっていることを知っていたので、土樽に来て骨休みをしたらどうかと思っていた矢先だった。

植村は電話でぼそぼそと話しはじめた。

「伊藤さん、北磁極が北緯七七度付近にあることがわかりました。それより高緯度では磁石が使えないのでぜひとも天測を教えてくれませんか、できれば伊藤さんにはベースキャンプでのサポート隊長をお願いしたいのですが」

たしかに植村の言うとおり高緯度では磁石が使えず、水平線と太陽の角度などから位置をわり出す天測しかなかった。まだGPSが使えない時代である。

しかし伊藤は山小屋の仕事もあり長時間にわたって土樽を離れることはできなかった。伊藤の心は動く、夢にまで見た北極に行く最大のチャンスだったからだ。伊藤は、行くことができないと思い、迷った。

そのとき伊藤の脳裏に浮かんだのは、長岡市出身のヨットマン多田雄幸《ただゆうこう》だった。伊藤は多田とそれまでに面識がまったくなかった、海洋冒険家としての活躍を何度か新聞で目にしていたし、長岡市出身ということに親近感を抱いたのだ。冒険家のインスピレーションが多田を選んだのである。

長岡市は新潟県のほぼ中央に位置し、市の中心を信濃川が流れ、土樽からは列車で約二時間の距離にある。

多田は一九三〇年（昭和5）新潟県長岡市の衣料問屋に生まれ、旧制長岡中（現新潟県立長岡高校）で学んでいる。長岡高校の前身は、戊辰《ぼしん》戦争で破れ、財政窮乏のため三根山《みねやま》藩から贈られた米百俵を藩士に分け与えず、売却の上、設立した「国漢学校」である。「百俵の米も、食えばたちまちなくなるが、教育にあてれば明日の一万、百万俵になる」と窮状に耐える藩士を説得した藩の大参事である小林虎三郎の言葉は有名である。元内閣総理大臣・小泉純一郎が国会の所信表明演説で引用した「米百俵の精神」も記憶に新しい。

話は脱線したが、このとき多田は、伊藤より三歳年上の四二歳であった。多田がヨットをはじめたのは三五歳と遅咲きであるが、一九七五年（昭和50）に行われた沖縄海洋博記念の太平洋横断レース（サンフランシスコ→沖縄）ではオケラⅢ号に乗り四位になった。そのときの横断日数は四六日間、これはクラス別スピード日本記録だった。

冒険家である伊藤はこの新聞記事が頭の隅に残っていた。もちろんヨットのコース選択は天測である。

伊藤は電話帳を調べ多田に連絡をする。連絡を受けた多田は植村のサポートを快く引き受けた。それもそうだろう世界のウエムラのサポートである、冒険に興味のある者なら、誰しも、時間と暇があれば参加したいのは当然のことだ。

多田の本業は白タクの運転手で時間がとれたのも幸いだった。

植村と初めて会った印象を多田は私に「実に純粋な人でした」と話している。その後多田は植村に天測を教え、一九七八年（昭和53）の北極点単独犬ぞり行のベースキャンプにサポート隊長として一年近く滞在し、植村の冒険を支えている。

その頃の植村を伊藤は支援しながらも冷静に見ている。

「その頃の植村さんを見るのはせつなかったですね。資金集めのために募金活動や会費制パーティをやったのですが、『自分の楽しみのために募金をもらって私はどろぼうです』と言っていました。植村はそういう男ですよ」

その言葉から植村の実直さがわかる。

北極点単独犬ぞり行

植村は一九七八年（昭和53）三月五日、エルズメア島コロンビア岬を十七頭の犬とともに出発した。この年は、成田国際空港が五月に開港、四月に東京サンシャインがオープン、そして原宿の竹の子族など、と世の中の話題は豊富だった。太平洋戦争の戦犯の刑務所だった巣鴨プリズンの跡地に東京サンシャインが建ったのだから、すでに戦争の記憶も風化されはじめていた時代でもあった。そして、高度経済成長の中でふくれあがった中高年は窓際族と呼ばれ、世の中が不確実性の時代と呼ばれたのもこの頃である。北島三郎の「与作」がヒットし、植村も巷で流れる歌を「与作は木を切る～」と口ずさんだかどうかは知らないが、北極点単独犬ぞり行は「ヘイヘイホー」と歌うほど容易ではなかった。

植村は出発して間もなくすさまじい乱氷帯に阻まれた。この乱氷帯は白い悪魔地帯ともいうべき大きさで、植村は斧《おの》をとりだし、氷を砕き、道をつくり一日かけても一キロから二キロ進むという最悪の状況だった。この乱氷帯は迂回するには大きすぎ砕いて進むしかなかった。作業は全力を尽くして行われたが、汗をかくと体力を消耗するため時間がかかった。

三月九日、早朝、植村のテントを北極熊が襲った、ライフル銃はそばに置いてあったが弾丸を込めてない、防寒のため四重にしてあるテントが揺れた。植村はじっとして耐えるしかなかった。北極熊は周辺を物色すると過ぎ去った。植村は生きた心地がしなかった。

翌早朝またしても北極熊があらわれた。植村はライフルに弾丸を込めかまえた。しだいに北極熊との距離を縮め、五十メートルまで近づくと引き金を引いた。誰もいない雪原を弾丸は飛び北極熊に命中し、一度は倒れたがまた立ち上がった。二発、三発と引き金を引いた。北極熊はよろけると倒れ雪原に横たわった。北極のきびしさを、身をもって体験した出来事だった。

植村が出発してからの十日間で前進できたのは、わずかに十七キロだけだった。乱氷帯との死闘と呼ぶにふさわしい自然との戦いだった。

植村の北極点への単独犬ぞり旅行は、走行距離約七八〇キロ、五二日間におよび、極点に立ったのは一九七八年（昭和53）四月二九日だった。単独犬ぞり行では世界で初めてという快挙であった。

そのとき、植村の極点到着の瞬間を撮影しようとカナダのアラートからセスナで飛んだのは文藝春秋のカメラマンだった安藤幹久《あんどうみきひさ》である。極点到着の瞬間を安藤はこう言った。

「彼は私が極点上空に到達すると、まだそこいら中を犬ぞりで走っていました。飛行機が着いたら近づいて来た。あのときの笑顔は忘れられません」

植村の行動を伊藤はこう説明する。

「極点は海の上です、付近の氷は一日三キロほど移動します。慎重な植村は、極点通過の確認のため念には念をいれたのでしょう。何回も走れば必ず極点を踏むはずだと思ったのです。植村は計画を立てるときは臆病になり、いざ決まってしまうと果敢に突っ込む男でした。彼のすごさはやったことに嘘がないこと、周りからの援助を常に感謝していることでした。これは冒険には大切なことで、彼から学ぶことは実に多いのです」


植村が北極点をめざしている同時期、日本大学北極点遠征隊（以後日大隊）も極点をめざしていた。それは日本人で誰が初めて北極点に到達するかという日大隊と植村との競争でもあった。

日大隊は、隊長の池田錦重《いけだかねしげ》を中心に、極北の町シオラパルクに入りエスキモーとなった大島育雄《おおしまいくお》、北極点に最初に到着したロバート・ペアリーの孫、ピーターペアリーなどであった。

日大隊は極点に向かう途中多くの犬を死なせるなどのアクシデントに見舞われかなりあせっていた。そのとき、日大隊から五月女を通じて伊藤に援助依頼が来るが、伊藤は植村のサポートを辞退したこともあり義理を欠くと断っている。日大隊そして植村の動きはマスコミを通じて日本国内にも流されまさにラリーの様相を呈した。そして北極点に植村より一日早く到達したのが日大隊で日本人初の快挙となった。

後日談になるが、植村はそのことをあまり気にしていないようだ。あくまで彼の目的は南極だったのである。

しかし、帰国した植村に待っていたのは予想外の批判であった。前にも書いたが探検や冒険は多額の費用を必要とする。今回の北極点単独犬ぞり行はスポンサーの意向もあり、食料や犬、そりにいたるまで空輸で補給した、そのことに真の冒険ではないのでは、との疑問が出たのだった。いつの時代でもやっかみや批判はある。それらをよせる人々の心の底にあるものは、羨望なのである。とはいえ植村直己はイギリス王室から真の冒険家に贈られる勲章を贈られる。世界は植村の冒険を心から讃えたのだった。言うは易し行うは難しということである。

この年はまさに北極ブームといってよく、イギリス隊も挑戦し、ヨットで太平洋単独横断をやった「太平洋ひとりぼっち」で有名な堀江謙一もマーメード五世号をひっさげ極点への基地カナダのレゾルートに来ていた。

堀江の計画はマーメード五世号にそりをつけ、氷上を風の力によって走るというものだったが、問題は風であった。総重量一トンにおよぶヨットを動かすのには相当の風力が必要である。風速五キロの風で顔面が凍りつく北極で、北極経験のない堀江が艇外に出て作業をすることは不可能だ。

かといってキャビンにいたのでは氷塊と衝突する可能性がある。そして植村が苦労した乱氷帯もある。結局、堀江は断念した。以前、伊藤も風を頼りにしたハンググライダーの冒険行を計画し断念している。

植村は北極点単独犬ぞり行から帰国したものの気持ちが晴れなかった。植村の冒険は単純だ。ただ極点に行きたいだけのことであるが、それにしても規模が大きくなりすぎた。そして有名になることによって、以前のような破天荒な冒険は許されなくなった自分に苛立ちを感じたのだった。

北極点旅行は、サポート隊を設け、セスナ機によって物資・食料の補給をするかたちで膨大な費用がかかった。帰国後もその借金返済のため一回五十万円の講演会を全国でしなければならなかった。もっとも植村の苦手なことである。

補給を受けての冒険、実験のために乗せたＮＡＳＡ（アメリカ航空宇宙局）の発信装置などは植村の今までの冒険とは違った。巷で、本物の冒険ではない、と取りざたされたこともうなずけないわけでもない。しかし植村は最終目的である南極探検への夢は捨てなかった。

今思えば、Ｆ１や車のラリーから大企業が撤退する昨今から比べると、スポンサーがつくだけでも恵まれた時代だったように思える。

サハラへの幻想

冒険とはなんだろう。百科事典ウイキペディアによるとこうある。

「冒険とは、日常生活とかけ離れた状況の中で、なんらの目的のために危険に満ちた体験の中に身をおくことである。あるいはその体験の中で、希有《けう》な出来事に遭遇することもいう。こうした冒険の体験者は多くの場合、その体験報告を書いたりするが、荒唐無稽《こうとうむけい》と一笑に付されることもあれば、またその内容に驚嘆されることもある。」

百科事典にはこうあるものの、私にとっては冒険家の行動はあこがれそのものである。まずは格好いいのだ。そして自分を未知の世界に追いやり戦うことに尊敬の念をもつのだが、ときとして冒険家の行動を見ながら、はたして人間にとって、冒険家魂とはいったいなんなのだろうかと思うことがある。

詩人の草野心平はこう言う。「未知の世界への追求、それは健康な病気である」、これは本当のところなのかもしれない。

伊藤はなにしろおもしろい男だ。夜になると神妙に夢を語り哲学者のような形相になり、酒を飲むと陽気に歌い踊る。その行動様式は高波吾策に似ているところがある。そして信じたことは曲げないという一途なところもある。

雪山の夜は退屈だ。ストーブにあたりビールを飲むと実にうまい。土樽では、雪中につくった穴倉（自然保冷庫）から出したビールが最高だ。それもできればサッポロの黒生がいい。ときどき伊藤は調子に乗りすぎビール瓶の栓を歯であけた、当時は「どうだ」とばかりに自慢していたが、伊藤の歯はグリーンランド越冬後すべて抜けてしまった。寒いので歯を磨かなかったのが原因だと本人は言うが、私が見たところ酷使だと思えた。

伊藤が一九七二年（昭和47）〜七三年に、グリーンランドで越冬をしたときに持参した本は、日大山岳部の書いた『白い秘境』と森本哲郎の『サハラ幻想行』だった。両極端の本を持参するのもおもしろい。

伊藤は言う「寒い中で『サハラ幻想行』を読み返していると、暑いサハラ砂漠へのあこがれが高まっていった。極寒の地に存在するのは空と氷と犬だけだった。過酷な自然の中で、暑さへのあこがれがわき、空と砂のサハラへの幻想はぶつぶつと音をたてて体の中で炎となっていった。それで今度はアフリカと決めました。冒険は好奇心なのです」

草野心平が言うようにその好奇心こそ、「健康な病気」であったのである。

伊藤の計画したサハラ砂漠探検隊は、スポンサー形式ではなく、当時としては珍しい公募のかたちをとった。探検費用一人あたり四十万円、当時の大学卒の初任給の平均が八万三千六百円だから、だいたい五倍である。単純には換算できないが、今なら約一〇〇万円というところだろうか。集まった十三人の職業は、電気会社の経営者、和菓子職人、ピアニスト、バニーガールと多彩で、とうてい探検とは無縁の素人集団だった。伊藤は公募の中から自分の探検費用も捻出しようともくろんだが、うまくいかず土樽山荘に手伝いに来ていた女性から二五万円の借金をした。

借金はアフリカから帰って返済するが、また借り直して結納金となった。それが奥さんの良子さんである。

一九七五年（昭和50）十月、伊藤を隊長とするサハラ砂漠探検隊（以下、隊）は羽田を出発しイギリス・ロンドンに着いた。ロンドンをサハラ行きの出発点にしたのは、中古のジープ・ランドローバーを三台購入するためだった。伊藤周左エ門、このとき四三歳である。

伊藤のおもしろさは、この頃から座右の銘とした、「人は知ることを浴す。かくすることをやめるとき、もはや人ではない」というロアルト・アムンゼンの言葉である。アムンゼンはノールウェイの極地探険家で南極を世界で初めて制覇したことで有名だが、なぜサハラに行くのにアムンゼンの言葉が座右の銘なのかということも興味深い。やはり冒険家は健康な病気に違いない。

現代人への啓示

以下は伊藤の日記をもとに書き進んでいくことにする。

十月二二日、サハラ砂漠探検隊はスペインのマドリードを出発した。モロッコ、アルジェリア、ニジェール、ナイジェリア、カメルーン、中央アフリカ、スーダン、ケニアの計九ヶ国を走行するサハラ砂漠の旅のはじまりである。

十一月五日、アフリカ最北端の港町モロッコ領タンジールに入る。いよいよアフリカの大地を走る、と思うと無事に車が走ることを祈った。なにしろセコハンである。

映画「外人部隊」で有名なカサブランカに入ると紺碧の空の下に白い家が建ち並ぶ、白と青、コントラストが実に美しくまばゆいばかりだ。ランドローバーがゆっくり町中に入って行った。通りを歩く男たちは、白い民族衣装トーブを身にまとい、女性は黒い民族衣装アバヤで全身を被っている。イスラム教徒は肌を見せることを許さないからだ。白と黒のまるでモノクロの映画を見ているようだ、そして町中は人でごった返し、もうもうとほこりがあがっていた。よく見ると人々は一方方向に動いている。

サハラにての伊藤（左）　【1】

私は車を降り身振り手振りで路上の男に聞いた。男は、ハッサン国王を先頭にした「越境平和大行進」の最中だといった。その数約三十万人だという、これでは容易に町を抜けることはできない。隊は車を止め小さなレストランに入り、アラビヤン・ティーを注文し、ひとまず休憩した。町を迂回するしかない。

レストランを出ると、隊は砂漠を二五キロほど走り、隊商が集まるマラケシに着いたが、人の列は延々と続きとぎれることがない。とうてい祖国日本では見られない光景だった。

十一月十五日、モロッコとアルジェの国境に到着し、アルジェ内へ入る。アルジェに入ってまもなく、隊がキャンプ中、トレーラーに入れて置いた缶詰、小麦粉、包丁、炊事用具一式、食料、車

ザイール国境を渡る伊藤の隊　【1】

の部品、修理道具などを盗まれた。先が思いやられるが、ここでは犯人を見つけても決して追ってはいけない。つい二週間ほど前犯人を追跡したフランス人とドイツ人が殺されたばかりだ。こういう土地柄、盗まれるほうが悪いのだ。盗難届を出しても出るはずがない。なにしろ用心することだ。私は安心だ、パスポートと現金は特性の腹巻きに入れ、貧乏ゆえに他の持ち物は何もないのだから。

心配していた一号車がついに動かなくなった。あきらめ二台に分乗する。

十一月二五日、みぞれ降る寒い朝、トヨタのランドクルーザーに乗ったフランス人エリックとウイリアムズが我々のキャンプに来た。タッシリ高原の入口にあるオアシス、ジャネットを通るコースに行きたいので同行して欲しいとの誘いを受ける。私はチャンス到来と思った。サハラ砂漠の中央にあるタッシリ高原には有史前の壁画があり、このチャンスを逃したら一生悔いが残るに決まっている。思っただけで興奮する。

夕食時、隊員に二十日間だけの別行動を了解してもらいフランスチームに同行する。

十一月二七日早朝、フランスチームと、雷鳴が轟き稲妻とともに大粒のヒョウが降る中をサハラ砂漠へと向かう。アトラス山脈を越えると緑に囲まれた地中海気候と異なり砂漠が広がる。日本人のもつ砂漠のイメージとは違い、あるのは石灰岩や小石、瓦礫《がれき》などが転がる不毛の台地だ。むしろ土漠といったほうがよい。

本隊とわかれフランスチームに合流した私たちは、サハラ砂漠に突っ込む前にオアシスでガソリンと水を調達した。それを屋根に乗せサハラ砂漠に向かった。

砂漠を走るのにもっとも注意することは、砂の多い地帯を抜けるときだ。砂はまるで雪のふきだまりのようだ。

心配していたことが起こった。車が砂にスタックして前に進まない。どこかで経験したことのあるシーンだ。そういえばあのとき、グリーランドは氷と雪だった。メタルシート（鉄の板）、シャベルなどを取り出し、作業を開始する。照りつける太陽は違うが状況はグリーランドに似ている、作業をしている間に体の水分が失われ体力が奪われる。二時間かけ車は砂の中から出ることができた。

走行中の食事は、三食パンとコーヒーそして鰯の缶詰、フランス語しか話せない二人と日本語しか話せない私とでそれを仲良く分ける。

夜になりテントを張ると針を刺すような寒さが訪れる。放射冷却現象だ。この寒さと飢えはどこかで経験したことがある。やはりグリーンランドだ。静寂な孤独の中で、犬ぞりをあやつり、生命のない広大無辺な氷原を走っていたときである。孤独の中で、星を見、空を見ると不思議な幸福感があった。

アトラスを越えて七日目、深い砂漠を走っていると、地平線のかなたに暗雲が立ちこめた。時間はかからなかった。雷鳴を轟かせ、稲妻が走り、閃光と雷鳴が絶え間なく押し寄せる。我々は無言で待った。砂が舞い、押し寄せ、やがて明るさを取り戻すと、車は砂の中に埋まっていた。車を出すのに一日かかった。これがサハラなのだ。

アルジェを出て十日目、二千七百キロ地点、オアシスの村ジャネットに着く、先を急ぐというウイリアムズとエリックと分かれ、四頭のラクダと七頭のロバを連れた家族五人連れと同行する。ラクダとロバには荷物を乗せ全員が歩く。

途中数度にわたり家族全員でメッカに向け礼拝をした。荒涼とした砂漠の中で両手を砂地について台地に額をこすりつける、その姿は崇高で美しい。彼らは日の出から日没まで必ず、一日五回の

タッシリアの壁画　【1】

お祈りをする。砂漠と神とともに生きている。ここはイスラム教の世界なのである。
ジャネットを出発してから二日目、ついに夢みたタッシリの台地に到着した。オーカー色の壁画が広がるほら穴の絵に、慄然《りつぜん》とした思いがする。長い年月風雨にさらされた壁画は、ガゼル、インパラといった群れが描かれている。紀元前四千五百年前の狩猟時代の絵がそのまま残っている。
その頃は、「流れの多い山」とタッシリの言語が示すように、水や草も多かったに違いない。壁画は、わらぶき屋根の家、男が薪を割る姿、働く女の姿と続いている。そしてラクダの時代、馬の時代へと進んでいく。岩ばかりのタッシリに、かっては肥沃《ひよく》な草木の生い茂る台地があったのだ。
過酷な自然環境に灼熱の太陽が容赦なく照りつけ、乾燥し、数千年という歳月をかけて岩の墓場にしてし

サハララリー中の伊藤　【1】

まったのだろうか。近代物質文明の中にいる我々への啓示のように思えてならないのだ。

壁画を見つけては感動し夢中でシャッターを切る私だが、この台地に来た価値を私はもち合わせているのだろうか。人を寄せつけないほど急峻な岩山が、先史時代から高度な文明を形づくったことだけを、目でたしかめただけでも十分でないか。写真を写すことは神への冒涜《ぼうとく》かもしれない。

私はタッシリを後にするとナイジェリア、中央アフリカを縦断し、一ヶ月前に分かれた仲間と再会しナイロビに着いた。

ナイロビは、風土病、食料不足、極度の疲労、そして過酷な自然と戦った私の旅の終着点だった。

ナイロビのホテルに着くと私を驚かせるものが待っていた。それは植村直己の手紙で、それには「北極圏一万二千キロのゴールまで後二五〇キロ」と書

かれてあった。（以上、伊藤の日記から）

伊藤や植村の冒険人生を見ていると、まるで雲の上を舞っているように感じる。その自由奔放さの中に秘めている、生きることへの強さや生への執着心は見え隠れするものの、彼らの行為はまるで子どもが大自然を相手に遊んでいるように見えるのである。もちろん冒険をすることの苦しさはわかるのだが……。

伊藤や植村も「冒険は人生の賭けである」と言いながらも、緻密で用意周到な面をのぞかせる。それは伊藤ならば「山で死ぬな」と言う恩師・高波吾策の教えが生きていることであり、植村で言えば「準備のときに臆病で大胆な冒険をする」という哲学にあるように思われる。

伊藤の賭けとは、自分自身を極限に追いつめるとき、自分に何がやれるか、つまり自身の可能性を最大限に試すことにある。それは少年時代の夢をいかに実行するか、という少年の心をいっているようである。

つまり伊藤にとって自分の可能性を伸ばすことこそ望ましい生き方なのである。

伊藤は冒険から学んだことをこう言う。

「個人主義がはびこる今日、自分に試練を与えようとする苦しい旅、団体生活に耐えられるような人間は少なくなってきている。また自然に対する畏敬の念も、自然の中に抱かれるような適応性も失われつつある。私は旅を通して自己犠牲や人を信ずることを学んだ。若い人に言いたい。物質文明に甘んずることなく大自然の中に飛び出せと」

伊藤の言う、未知の世界への追求こそ、現代社会という閉塞状態の中で生きる現代人への啓示のように思える。

その後、伊藤はサハラの体験を生かし、一九八七年（昭和62）エジプト、ファラオ・ラリーチームサポート隊長として参加している。ラリーに出場したのは、俳優の根津甚八、ミュージシャンの宇崎竜童、そしてサイクリストの風間深志で、風間は二五〇ccクラスで優勝している。

海に賭ける多田雄幸のロマン

最後の航海に出る多田雄幸

オケラのターさん

真夏に無人の土樽駅に降りるのは悪くない。涼風に誘われ停車場を降りると眼前に足拍子岳が屹立し、澄みきった空気が心地よく肌を包む、そんな夏のある日、土樽山荘で酒を酌み交わしながら伊藤と男のロマンについて語りあったことがある。

そのとき伊藤が言った言葉は印象的だった。

「少年の日の夢を実行に移す、自己の可能性を伸ばすことこそ望ましい生き方だ」

もちろん少年の日の夢を叶えられるなら、そんな至福な人生はないが、多くの人は社会という歯車、そして人間がひしめきあう中で、自分の個性と感性をすり減らし働き、少年の日の夢はあきらめて生活をしている。

少年の日の夢を現実にするなんてことは、凡人には無縁なのだ。

しかし伊藤と同じ哲学をもち、少年の日の夢を海に賭ける男がいた。植村直己の北極点到達のサポートをした多田雄幸である。

植村に多田を紹介したのは伊藤であるが、それまで二人に面識はなかった。植村のサポートの話があったときに多田の名前が浮かんだのは、同じ哲学をもつ者同士のインスピレーションに違いない。

伊藤のいる土樽駅から上越線に乗り、多田の生まれた長岡駅までは二時間ほどである。土樽での生活の物品の多くは湯沢町ですませることができるが、いざとなると病院や商店の揃っている長岡市に行かなければならない。それで出身地が長岡と聞いただけで伊藤は多田に親近感を覚えたことは前述したとおりである。

しかもその多田に伊藤が直接会ったのは、植村が北極点単独犬ぞり行を終えてからであったというからおもしろい。そのとき二人はすでに旧知の仲のようであった。私が土樽で多田に初めて会ったのもその頃であるが、満面に笑みをたたえ夢を語る多田はまるで初対面とは思えなかった。おそらく彼は誰にもそうなのであろう。

多田雄幸は一九三〇年（昭和5）新潟県長岡市に生まれ、地元の小・中学校に学び旧制新潟高校を卒業した後、東京工大を受験するが失敗し、実家の衣服問屋を継ぐために京都西陣の洋服屋に就職している。その後紆余曲折するがもともとは頭のいい人なのだと思われる。多田の経歴のディテールをもう少し調べると、中学時代はグライダー部に所属し、三級滑空士の資格を得ている。三年次には志願して予科練に入隊するが、戦争末期で飛行機もなく訓練どころではなかったようだ。一九三〇年（昭和5）生まれの多田、一九三三年（昭和8）生まれの伊藤、互いに空をめざしたが、多田は十五歳で終戦、伊藤は十二歳で終戦、多感な少年は日本の敗戦に何を感じたのだろうか。二人の邂逅《かいこう》は冒険者同士のインスピレーションのほかに、この時代に少年期を送った者同士のある種の共通点が互いを近づけ、冒険に駆り立てたようにも思える。付け加えるが、多田は戦後、焼夷弾の不発弾を処理しているとき、その爆発により右手を負傷している。

多田とヨットとの出会いは、ロードアイランド州ニューポート・ジャズ・フェステバル（一九五四年にはじめられマイルス・デービス、デューク・エリントン等が演奏している）の映画を見てからである。もともとジャズの好きだった多田は、スクリーンから流れるセルニアス・モンクの「ブルー・モンク」の心地よい音に魅了されながら映像を見ていた。問題はその背景にあった。セシリアンブルーの空の下に浮かぶ白い帆、多田は身を乗り出し、目は釘付けになり、そして激しく心が揺すぶられたのだった。

感動をすぐに行動の起こすのは、伊藤や植村と似ている。純粋なのである。多田はさっそくボーナスをはたき小型ヨット「Y一五」を買う。そして一九六九年（昭和44）に相模湾で行われたクラスVレースで優勝しヨット人生がはじまる。その後の多田のヨット名は一貫して「オケラ号」である。名づけた理由は簡単だ。ただ金がない、財布の中身は常にオケラ（中身は空の意味）というわけである。

多田を一躍ヨットマンとしての世間に焼きつけたのは、なんといっても一九七五年（昭和50）に行われた沖縄海洋博記念の太平洋横断レース（サンフランシスコ→沖縄）であろう。前述のとおり多田の「オケラⅢ号」の成績は四位である。これは四六日で太平洋を横断するという当時のスピード日本記録であった。

冒険に金がかかるようにヨットも同様に金がかかる。太平洋横断レースに参加するため多田はマンションを売り一千万の金を作り出し、参加費と船の制作費を生み出している。

多田のニックネームは「オケラのターさん」、うなずける話である。

私が二度目に多田に会ったのは土樽山荘の新築祝のときのように記憶している。私は伊藤への新築祝いとしてアクリルで描いた絵を贈った。

絵はヨーロッパアルプス・シャモニー針峰群の上にセシリアンブルーの空が広がり、伊藤がハンググライダーをしているさまを描いたものだった。伊藤がハンググライダーに乗れるかどうかはふたしかである。石打スキー場で練習したときに、沢に落ちたというからたいしたことはないと推測される。

多田がヨットをはじめるきっかけとなったニューポート・ジャズ・フェステバルの空と同色のセシリアンブルーである、多田が私の絵に興味を示してきたのは当然である。

しかし理由はそれだけではなかった、多田は抽象画を描き二科展で入賞、新潟県知事賞に輝いた実績があり、多田の絵画に対する造詣《ぞうけい》は趣味の範疇《はんちゅう》を越えていたのである。

愛艇上の多田雄幸（左）　【1】

私と多田の前にあったのは越後の酒「越の寒梅」、当時は入手することはむずかしく、幻の酒と呼ばれていた。多田は酔うほどに海を語り、絵を語った。

世界単独一周レース

一九八二年（昭和57）五月十六日、神奈川県油壺のヨットハーバーには、日本が初めて計画した第一次南極越冬隊の隊長だった西堀栄三郎《にしぼりえいざぶろう》や多くのヨット仲間が集まっていた。西堀は多田とヨットの係留場所が隣の縁だった。

世界単独一周レースに参加する愛艇「オケラV号」は、艇長四四フィート（十三、四一メートル）で制作費約四千万円である。当然のことながらオケラのターさんは予算の工面に奔走する。助けたのは多田の人柄に惹かれた仲間たちだった。

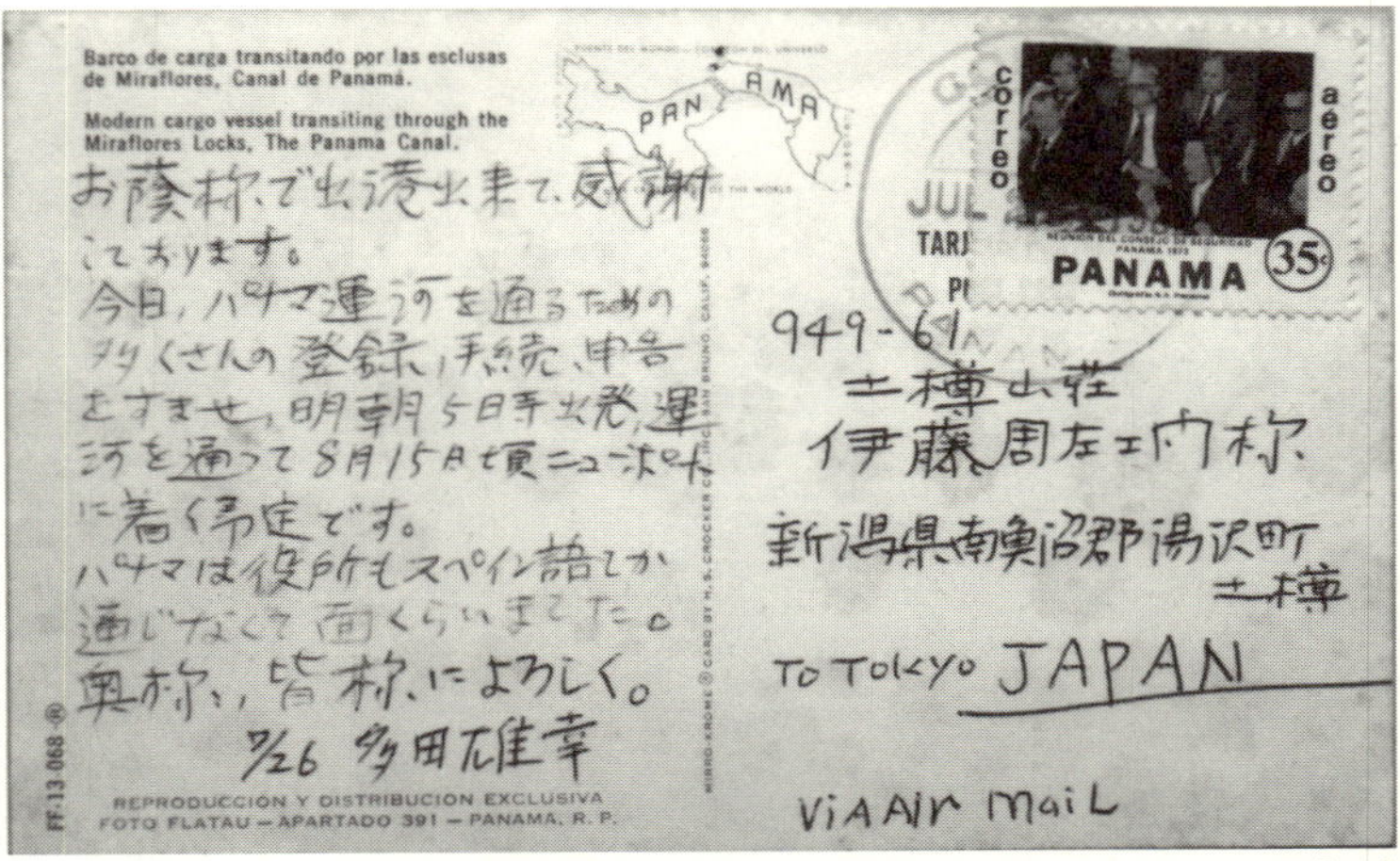
Barco de carga transitando por las esclusas de Miraflores, Canal de Panamá.

Modern cargo vessel transiting through the Miraflores Locks, The Panama Canal.

お蔭様で出港出来て感謝
しております。
今日、パナマ運河を通るための
沢山の登録、手続、申告
をすませ、明朝5時出発運
河を通って8月15日頃ニューヨーク
に着く予定です。
パナマは役所もスペイン語でしか
通じなくて面くらいました。
奥様、皆様によろしく。
7/26 多田雄幸

949-61
土樽山荘
伊藤周左エ門様
新潟県南魚沼郡湯沢町
土樽
TO TOKYO JAPAN

Via Air Mail

REPRODUCCION Y DISTRIBUCION EXCLUSIVA
FOTO FLATAU — APARTADO 391 — PANAMA, R. P.

多田から伊藤への手紙　【1】

ヨット暦十七年の多田に不安がないわけだはない。太平洋横断レース後多田がひそかに秘めていた海へのチャレンジだった。このとき多田は五三歳、彼にとってヨット人生の集大成であった。

「多田さん元気でやれよ」

と言う仲間の言葉に

「一人乗りで世界一周するのはたいへんな危険が待ち受けていると思います。タクシー運転手らしく安全運転をめざします」

と言って周囲を笑わせた。

「多田さん、とにかく出発してしまえ、後はどうにかなる」

手荒い見送りの言葉を投げたのは、伊藤だった。

そして多田は運命をともにするオケラV号とともに太平洋の荒波に漕ぎ出したのだった。太平洋を渡り、パナマ運河に到着した多田は伊藤に手紙を送っている。

多田が描いた土樽からの茂倉岳　【1】

「お陰様で出航でき感謝しております。今日、パナマ運河を通るためのたくさんの登録、手続き申請をすませ、明朝五時出発、運河を通って八月十五日にニューポートに着く予定です。パナマは役所もスペイン語しか通じません、奥様によろしく。七月二六日　多田雄幸」

多田は無事に太平洋を横断しパナマ運河を航行中であった。

世界単独一周レースがいよいよはじまった。あこがれの地ニューポートで多くの人たちに見送られ出発したのは、八月二八日だった。

オケラV号の艇内にはあの「ブルー・モンク」が流れている。まさしく多田が見たあの映画の光景だった。セシリアンブルーの空、やさしい風にあずける白い帆、あの舞台に今俺はいる、レースはどうなるか分からないが、何しろうれしい。それは多田にとってもっとも至福のときだった。

世界単独一周レースへの参加艇は、アメリカ、イギリス、フランスなど計八ヶ国から三四隻が参加していた。この過酷なレースのコースは、ニューポートをスタートし、南アフリカのケープタウン、オーストラリアのシドニー、ブラジルのリオデジャネイロを寄航地としてニューポートにゴールしようというものだ。

オケラV号に乗った多田は、アフリカ西部カボベルデ諸島の西を南下してケープタウンをめざしていた。来る日も来る日も、海、海、海、友だちはオケラV号を止まり木とするツバメだ。「おい、どこから来たのだ、俺、多田雄幸よろしく、オケラだよ」と言ってはほほえみ友だちをつくり、イルカが愛艇の脇を飛ぶように泳ぐと「おいらも負けんぞ」とつぶやき艇を操った。サメが近寄ると「こわいけど、よろしくな、おれ、多田雄幸」と言って笑った。

これは海で孤独を紛らわす最高の方法だった。

オケラV号には雪国出身の多田の大好物の日本酒とバランスをとるためのビールが載せてある。ビールの重みで船艇のバランスをとるというのだからおもしろい。天候に恵まれ順風満帆なときは、紺碧の空を仰ぎ日本酒を飲み、ビールを空け、満天の星空の夜は一人、星を眺めウイスキーを飲む、この幸福感こそヨットマンの醍醐味だと多田は思った。

しかし海は上機嫌なときばかりではなかった。暗雲が立ち込め、うねりが強くなるとオケラV号は木っ端のように海上を上下左右に激しく揺れた。舵を握り操作するが船艇はいうことをきかない。自然のほうが勝っているのだ。自然の前であまりに無力だと多田は思ったが、どうすることもできない。ゴー、ゴーと風が音を立て、海水は左右上下から容赦なく降り注ぐ、艇内の物品は転がり、激しい風に二枚の帆がちぎれた。多田はヘルメットをかぶり神のなされる業にただ翻弄《ほんろう》されていた。

その荒波を乗り越え、まさにほうほうの体でケープタウンに到着したのは十月二七日だった。疲労困憊だった。多田はやっと陸に上がれると思うと安堵した。

十一月十三日、ケープタウンで食料などを補給した多田はふたたび大海原に飛び出した。海の航海は精神力との戦いでもあった。朝は座禅を組み、身を引き締め、長い航海の安全を祈った。かもめが飛び、海が静かなときはテナーサックスを大海原に向かい思いきり吹いた。もちろんジャズファンの多田のサックスは趣味の域を越えかなりのものだった。洋上に輝く太陽のもとで多田は幸福を感じながら、サックスの音色を波のかなたへ贈った。

多田は航海中の苦しいことは忘れていた。今こそわが青春と実感した。何かに熱中する、われを忘れるほどに、青春を感じとった。

今回のレースのもっとも条件の悪い南緯四十度の魔の海域「ローリング・フォティーズ」に入る。

神はここでヨットマンに必ず試練を与える。

サックスをサービスする多田雄幸　【1】

オケラV号の小さな船体は、秒速二十メートルの風と大きな波間をまるで木っ端のように翻弄されはじめる。ゴーという音、ドドーンという音など、激しいいくつもの音が入り混じる中、十数メートルの大波の頂点から地獄に落とされる。「大しけだ、このやろう」、多田は一人叫ぶ。数日前の友好的な海とは裏腹に牙をむいた海が立ちはだかる。船体が一二〇度近くまで傾いた、ノックオーバーだ。多田の体がまっさかさまになる、体を艇に縛りつける。ノックオーバーが続く、やられた、帆が破れた、セールが壊れた、自動操舵装置が壊れた。幾重にも神の試練は続き、逆巻く波の中で手のほどこしようがない。艇が波上に上った直後、体がふわりと浮いた、その瞬間腰を強打した。多田は這いながら船体につかまりキャビン（船室）に入る、頭の上を物品が放射線状に飛び交う。ヘルメットをつけたまま朝になるのを待つしかない。夜が明けた、その日もしけが続き艇内を這って海と闘った。

ローリング・フォティーズを抜ける間、アメリカのフランシス・ストークスが乗る「ムーンシャイン号」と激しいトップ争いを演じ、シドニーについたのは、一九八三年（昭和58）一月の六日だった。

フランシス・ストークスは五七歳、年齢が多田と近いこともあり相通じるものがあった。

シドニー港には地元の人々が出迎え、その中に顔見知りの日本人支援者を見つけると、多田はほっとした。キャビンに戻りテナーサックスを取り出すと口にし、思いきり歓迎に応えた。多田はシドニーに滞在している間、航海中に描いた抽象画の個展を開催し希望者には分け与える余裕を見せたのだった。

「グリコのおまけ」

一月十六日、快晴の中、シドニーで疲れを癒した多田はふたたび出航する。日本を出るときは、「着順はどうでもいいから、なにしろ完走したい」と言っていた多田だが、トップ争いをしたことによってにわかに欲が出てきた。南緯六二度三十分と南極すれすれの最短コースをとり順調に航海するにつれ多田の意識がかわりはじめた。

南極から流れてきた氷塊が海水とともに艇内に入る。凍結寸前の海は船底に衝撃を与える。海水に落ちたらまずは助からない、体を船体に縛りつけ舵を回す。やがて海上の氷は少なくなり無事に海を乗りきった実感がわいてくる。そしてリオデジャネイロが近くなる頃オケラV号がときどきトップに立つようになる。多田に意欲が湧き出る。

リオデジャネイロ港を目前にして風が吹き黒い雲とともに猛烈な雨が降り出し視界を失った。そのとき多田はガツンいう音とともに全身に衝撃を受けた。多田は艇の側面から海面をのぞく、座礁《ざしょう》だ。艇の確認をしようとするができない、レーダーまでもが壊れていた。「万事休す、もうこれでおしまいだ」と多田は思い、レースの棄権を覚悟した。しかし港の入口であることが幸いした。現地のヨット仲間が救援にかけつけ六時間後には離礁することができた。それでもオケラV号はライバルに二日間の差をつけていた。多田は旧帝国軍人がよく言う「軍隊は運隊」という言葉を思い出した。レースも力量のほかに運、不運がつきまとうと思った。

ローリング・フォティーズのきびしさや激しい雨の中でのレースで、他のヨットも海上で苦戦し二隻が難破、五隻が故障という状況であった。

多田がリオデジャネイロに着いたのは三月三十日であった。

四月十日、多田は五三歳の誕生日を迎えた。十日間の休暇の間、補給はもちろんのこと、次の航海への準備が終わるとサックスを楽しんだ。ここでも多田は人気者である。

リオデジャネイロ港を出航後、オケラV号は大西洋を順調に北上する。多田はヨット上でサックスを吹き、鳥や魚と語り、揺れが少ないと絵を描いた。

多田の日々の食事は、わかめ、ひじき、大豆、豆腐と言った、いわゆるヘルシーな日本食が中心である。多田は、雪国育ちのせいもあって質素な食事が好きである。そして何しろ新潟の酒がエネルギー源だと言う。その食料も次第に少なり、ゴールは間近になっていった。

五月十七日、遥か海の向こうに陸地が見えてくる。二六三日前に出航したニューポートの岸壁である。懐かしく感じる、本当に懐かしく感じる、出航したのが遥か昔のように感じる、あのニューポートなのだ。これで孤独の海から解放される。ここに来るまでに、魔の海域「ローリング・フォティーズ」と戦い、凍結した海を乗り越え、そして孤独に耐えきたのだ。うれしい、本当にうれしいと思った。

多田の通算タイム二〇七日十三時間五五分四五秒、二位を二日と十一時間引き離しての完全優勝だった。

多田はデッキに立つと両手をあげ満面の笑みをたたえゴールに入った。世界でもっとも過酷だといわれる世界単独一周ヨットレースの頂点に立ったのだった。マイペースを崩さず、海と語り、力まずのオケラのターさんのもっとも長く輝いたレースが終わった。

優勝インタビューで多田は言った。

「いや！　優勝なんてグリコのおまけみたいなものですよ」

飾ることを知らない多田雄幸の素直な言葉だった。その言葉に植村と通じるものがあった。

オケラのターさんと呼ばれ友人たちから好かれ、飄然《ひょうぜん》とした多田の心底に流れていたのは、紛れもなく雪国生まれの辛抱強さと臨機応変さだった。

「アホウドリが自由に舞う」

多田は優勝しても喜んではいられなかった。日本に帰るには、また独りであの太平洋を横断しなければならない。一九六二年（昭和47）に堀江謙一が単独で太平洋を横断した、あの太平洋をである。オケラ号を運んでもらい自分は空路帰国する、そんな金銭的な余裕はどこにもなかった。

帰路は順調ではなかった。赤道上で飲み物やガソリンが不足し節約した。洋上での気温は四十度、頼みの凪もなく航行に苦労する。これには多田もまいった。しかし多田の強運はまだ続いた、日本籍のヨットに出会いビールや燃料をもらうことができたのだ。そして入国手続きを小笠原諸島でしたのは九月九日だった。

九月十八日、神奈川県三浦市城ヶ島岸壁に「ワー」という歓声がおこった。オケラV号の雄姿を見つけた出迎えの家族やヨット仲間、約二〇〇人の声だった。そこには西堀栄三郎や伊藤周左エ門の姿もあった。

多田は世界単独一周レースの感想をこう語った。

「ヨットマンとして素人の私が、航路もまちがえず、よくゴールにたどりついたと思います。いろいろ面倒をみてくれた仲間たちに感謝したい」

多田はあくまで謙虚だった。

多田の優勝を陰で支えたのは海の仲間と山の仲間だった。オケラV号の製作への協力、航海中の無線連絡、多田はオケラグループと呼ばれる仲間たちに支えられ世界の頂点に立つことができた。二〇七日にわたる孤独な洋上生活、多田を激励し孤独を慰めたのは仲間たちであった。

多田の航海中の貴重な映像は自動的に記録されている。カメラを設置したのは一九八〇年（昭和55）にチョモランマ（エベレスト）登頂を、世界で初めて撮影した日本テレビのディレクター岩下莞《いわしたかん》

日本を出港するオケラⅧ号　【1】

爾《じ》だった。

　映像には多田が洋上でカメラに向かい「今、帆が破れたのでミシンがけをしています」「今、トビウオが飛んでいます。今日の食事はトビウオになるでしょう」といった多田の生き生きとした表情が写し出されている。

　その後多田は一九八七年（昭和62）、メルボルン、大阪間のヨットレースにコーデン・オケラⅦ号で参加し総合成績で七位になる。

　そして一九九〇年（平成2）。還暦を間近にした多田は四年に一回の世界単独一周ヨットレース「ARO

土樽でスケッチする多田雄幸　【K】

UND　ALONE」にオケラⅧ号で参加する。第一回目のときに優勝したあのレースである。

五月十八日、ニュー―ポートから出発した多田はケープタウンからシドニーに向かう五十日間で五回の転覆を経験、帆は破れ、自動操舵装置、スピードメーターは故障し、さらにマストを支えるバックスティーが壊れ、船底は激しい浸水にみまわれるなど散々だった。多田は寝る暇もなく水をかい出し、船の補修に全身全霊をささげる。その間、多田と支援者との無線連絡は途絶え、必死に仲間は無線をくりかえすが応答はなかった。多田はこのとき本当の海の恐ろしさを感じたのだった。

心身ともに疲労困憊しシドニーに着いたのは一月十五日だったが、その時点で棄権した。

多田は関係者に「精も根も尽きた」と言葉少なく語り、その後はふさぎこむ日が多かった。そして休養中のシドニーで自ら命をたち、波乱の万丈の人生の幕を閉じる、多田雄幸享年六十歳であった。多田が死ぬ前日、多田から伊藤に電話が入った。「俺はもう死ぬよ」という悲壮感に満ちたものだったと、伊藤は言う。すぐに多田の愛弟子の海洋冒険家・白石康次郎《しらいしこうじろう》、五月女次男、多田の同級生などがシドニーに飛んだが手遅れだった。

航海上で何があったのかは誰も知るよしもない。

多田の冒険とはなんだったのだろうか、「アホウドリが自由に舞う。無意識に遊ぶ姿は自然、私もああありたい」と言っていた多田雄幸、彼は雪国に生まれながら大海原に出ることを愛し死んでいった。彼は、生命の起源を海に感じていたのではないだろうか。地上にはない自由ときびしい自然の掟、多田は航海上にいるとき自由を感じ、母を感じていたのではないだろうか。人が自然から生まれ、自然を愛し、享受したときに驚くような生命力を発揮できることを彼は知っていたのだ。それにしても自然はあまりに大きかった。

そして多田雄幸の遺志は、白石康次郎に受け継がれている。白石は、二〇〇七年（平成19）の単独世界一周レース「5OCEANS」クラスで2位の快挙を達成している。

なぜ一度頂点にたった多田が単独世界一周ヨットレースに再挑戦したのだろうか。草野心平がいう「健康な病気」なのだからであろうか。

多田が再挑戦をした一九九〇年（平成元）は、元号は昭和から平成に移り変わり、八十年代後半からの大型景気がかげりをみせ、いわゆるバブルの崩壊への序章がはじ始まっていた。地上げ、3K、ことなかれ主義、朝シャン、巷にはネガティブな言葉が横行し、あの東京オリンピックで発揮したハングリー精神はすっかり薄れ、行き先の見えない社会全体が弛緩《しかん》した時代背景であった。だからこそ多田は、あえて一滴の清涼飲料のように活力を与えるために再挑戦したのではないだろうか。

私は出航前に会った多田に、インドネシアの地方で織られたカイン（織物）を見せると、多田は手づくりの藍染に目を丸くしたのを覚えている。彼はカインに何を感じたのだろうか。少女が何ヶ月もかかり編み上げた一枚の布、手放すときに少女が涙を流すという布、多田が生きているなら聞いてみたいものである。

多田が亡くなった前年の八月二日、イラクがクウェートに侵攻した。それを機に翌年一月、米軍が中心になった多国籍軍とイラクの間で湾岸戦争がはじまっている。米軍機がワンポイントでイラクの要塞を攻撃する様子は、テレビで映し出されたが、まるでテレビゲームを観ているようであった。冒険も同じようにこの時期からハイテクの時代に入っていった。

冒険家たちの集まり

世界の最高峰チョモランマ山（エベレスト）

【0】

北極クラブ

北極圏の自然が織りなすオーロラや氷雪原などの光景は美しく、一時なら心をひかれる旅人も多いが、そこにとどまるとなると躊躇《ちゅうちょ》してしまう。氷点下四十度の世界、高さ数十メートルにおよぶ氷乱帯、リード（氷の割れ目）など、その自然のきびしさは体験したものでしか分からない。

しかしその北極圏のきびしさと自然の魅力にとりつかれた人たちの集まりが東京にある。名づけて北極クラブ、会は北極に行ったことのある冒険家によって運営されている。

もともとこの会は、一九七八年（昭和53）に相次いで北極点に到達した、植村直己と日大隊が互いの成功を祝して酒を飲んだのがはじまりで、今では冒険家たちの情報センターのような役割を果たしている。

北極クラブからの情報収集や会に接触してきた冒険家は数知れず、その中には一九九七年（平成9）に北極海を単独歩行横断、一九九九年（平成11）に南極単独歩行横断をした山形県出身の冒険家・大場満郎や一九九七年（平成9）に日本人で初めて北極点単独徒歩到達を達成した愛媛県出身の河野兵市《こうのひょういち》、のちに述べるが一九八九年（平成2）に北極点に立った女優の和泉雅子などがいる。

高倉健が出演した「南極物語」や西田敏行が出演した「植村直己物語」も無縁ではない。

北極クラブは日本での北極圏冒険の情報拠点であり、冒険家が通過するある種の登竜門のようなものである。会が正式に発足したのが一九八〇年（昭和55）、その当時の会員名簿が今も私の手元に残っている。

発起人には植村直己をはじめ、伊藤周左エ門、五月女次男、そして南極越冬隊長や観測隊長を何度も務めた村山雅美《むらやままさみ》などの名がある。

会員には前述の四人のほかに、一九八二年（昭和57）十二月厳冬期のチョモランマに東西稜から登頂を果たし、下山途中遭難、行方不明となったアルピニストの加藤保男、日大隊の北極行に参加し、エスキモーになった大島育雄、世界一週ヨットレースで優勝したヨットマンの多田雄幸、一九八八年（昭和63）に世界の最高峰から初の衛生中継「チョモランマはそこにある」を生中継、その指揮をとった岩下莞爾、そのとき頂上にテレビカメラを担ぎ上げ撮影し、また南北両極点に立ち、二〇〇八年（平成20）十月にヒマラヤで雪崩に巻き込まれ亡くなった日大ＯＢの中村進《なかむらすすむ》、世界の山やスキーを撮ったカメラマンの小谷明や文藝春秋のカメラマンで植村の極点到達を撮影した安藤幹久、西田敏行主演の「植村直己物語」でエベレストのシーンを撮った阿久津悦夫《あくつえつお》、オートバイで北極点に到達したサイクリストの風間深志などがいる。伊藤は創立以来、主のような存在だ。その中の多くが山や極地で命を落としている。そして、北極に興味のある人なら誰でも入会できるのが、このクラブのふところの深さだ。

北極の魅力とはなんなのか、南極を取材で訪れてから白い世界に魅了された女優の和泉雅子はこう言う。

「北極に住むイヌイットと生活をともにして、初めて人間の生活が何であるかがわかった」

和泉の場合、女優というある種の管理された世界から抜け出し、白い世界に入ったときに強烈な自然の美しさときびしさに感動した。そこで見たものは、人間の原点に回帰した極地の人々の生活だった。それは和泉のもっていなかった何かだったに違いないし、我々が高度経済成長の中で忘れてきた、あの人間同士のふれあいだったように思える。

エスキモーになった大島育雄

その中でも日本の最高学府を出ながらエスキモーになった大島育雄は異色だ。

南極横断という大きな夢を実現するために北極に入り、冒険の過程で北極圏を通りすぎていった植村直己とは異なっている。

大島は生きる糧として北極圏で猟師をし、イヌイットと結婚して極地で生活をすることを選んだまれな日本人である。

彼は一九七二年（昭和47）十一月、植村がグリーンランドに行った三ヶ月後、北極圏のシオラパルクに入っている。このとき大島は二五歳である。日本大学生産工学部を出た後、日大山岳部グリーンランド遠征に刺激され極北に興味をもつようになる。大学卒業後親族が経営する電気会社に入るが、人生というのは数奇だ。ときたまある博物館からの北極圏に住む少数民族イヌイットの民具を収集することを頼まれる。もちろん北極圏に入るのは初めてだった。シオラパルクには植村直己がいたこともあり村人にとけ込むのは比較的容易だった。

大島は民具収集の目的を果たすと日本にいったん帰国するが、北極圏の雄大な自然に相当魅了されたらしく、一九七四年二月、シオラパルクの土をふたたび踏んでいる。

「日本でサラリーマンをやるよりも、大きな自然を相手にのびのび暮らすほうがあっている」

と大島は簡単に言うが、実際には文明社会を捨てることに相当の葛藤があったものと推測される。

その後、村長のすすめもあって現地でイヌイットの娘と一九七四年八月、村人に祝福され結婚する。「ニッポン・イヌイット」の誕生である。

同じモンゴロイド系のイヌイットの顔立ちは日本人とよく似ている。彼らは同じような顔をした日本人が、同じものを食べ、同じような生活をすることに同属意識をもったに違いない。大島より早くシオラパルクに入った植村直己も同様である。

その後、大島は妻アンナとの間に五人の子どもをもうけている。

しかし日本と極北の世界では生活様式が一八〇度違う。二五歳までライフルを撃ったこともそりを操ったことのない大島にとって、イヌイットの生活は過酷であったに違いない。東京なら金さえ

一角獣の解体　【1】

あればなんでも手に入る。寒いときは暖房機のスイッチを押せばよいが、シオラパルクでは生活の糧を狩猟に求めなくてはいけない。冬は極寒の北極圏を犬ぞりで移動し、雪面に体を伏せ、引《ひ》き金《がね》を引き、夏は焼き玉エンジンをつけた手製のボートを操り獲物を見つけ狩りをする。一時の趣味のハンターとは違うのである。

大島の生活はいつでもコンビニで食料品や日用品を買える日本の都会生活とはまったく異なり、生活のすべてを自前でしなくてはならないという当然の結論だった。

狩猟で捕る獲物は、アザラシ、セイウチ、シロクマ、鯨、鳥、魚と大小さまざまである。

狩猟後、大島がアザラシの腹にナイフを入れると鮮血が白い雪の上に飛散し、周囲を真紅に染める。スーパーの商品化された肉切れでは鮮血を見ることもない。スーパーの肉は商品でしかない。その商品を買っている人たちは、解体現場を見ただけで卒倒するに違いない。解体

雪原に体を休める犬

【Ⅰ】

された肉は食料用に小さく切られ、保存用、他のイヌイット用などに分けられる。毛皮は妻アンナがなめし製品にして売る。

神からの贈り物は大切に扱われ捨てるところない、そこに神への感謝と畏敬の念とが生まれる。

大島はニッポン・イヌイットになったことを北極クラブの友人に宛てた手紙の中でこう語っている。

「動物を射止めるときの興奮、原始生活のような自然の生活、そして自分で自由に生き方を決める楽しさがいい」

「自分で狩猟し作って食らうことが最高です。私の生活は来る年も来る年も、セイウチ、アザラシ、白イルカ猟で一年を閉じるような繰り返しです」

物質に恵まれなんの不自由もない飽食の日本人たちは、真の幸福はなんだろうと考えることがある。大島のような生き方が本当に人間らしいのかもしれないが、あまりに過酷だ。しかし大島の生活は、現代人の忘れた神への敬いや森羅万象《しんらばんしょう》に感謝する心がある。

ＧＮＰ（国民総生産）世界第二位が人間に幸福をもたらしただろうか、石油に頼った生活が人間に幸福をもたらしただろうか、今世の中では、子殺し、親殺し、理由のない殺人、飽食ではあるが心を失った人たちの多いこと、人を介さない機械を通してのコミュニケーション、バーチャルなゲーム、人を殺すことをなんとも思わない風潮、その日本から飛び出しエスキモーと結婚し家族をもち、狩猟生活をするという生き方を選んだ大島、それがよいかどうか私にはわからないが、うらやましいのはなぜだろう。

真の幸福とは、人間らしい生活をし、夢を実現したときではなかろうか、大島はそれにもっとも近いのではないだろうか。しかしながら、あえて苦難の人生を選んだ大島には驚愕《きょうがく》せざるを得ない。自由な生き方、誰しもが求める理想だ。それができたらどんなにいいことだろう、それには自然と戦う勇気と生命力がなくてはとうてい望めないことだ。

大島の生き方は、かたちこそ違うが多田雄幸や植村直己の生き方に似ているような気がする。

イヌイットの生活

さてここでエスキモーとイヌイットについて記したい。

年配の方なら学校で極北に生きる人たちをエスキモーと呼び、氷を積み上げたドーム型の家、イグルーに住んでいると教わったに違いない。しかし今はイグルーに住む人はなく、暖房のある家に住んでいる。

彼らの呼び方であるが、カナダ圏内ではエスキモーという呼び名は差別用語とされイヌイットと呼んでいる。イヌイットは彼らの言葉で「人間」を意味し、エスキモーは「生肉を食う連中」という侮蔑的な意味があるからである。グリーンランドでは、もっとも北に住む「極地エスキモー」として自負しているところもあり事情がだいぶ違うようだ。

一九七八年（昭和53）四月、現地から日本大学北極点遠征隊に参加した大島育雄は、多和田忠《たわだただし》、中村進、そしてイヌイットのピーターとともに北緯八九度五九分の極点に到着した。植村と極地レースをした北極行のときのことである。

ピーターは一九〇九年に北極点に世界で初めて到達した極地探検家ロバート・ピアリーの孫で、一九七一年（昭和46）にはイタリア隊に加わりすでに極点に到達していた。

日大隊は当初から試練の連続だった。極点遠征のために調達した犬を一〇六頭死なせるというアクシデントに加え、イヌイットとの意見や生活習慣の相違、さらには乱氷帯、海流に押し流された氷が立ちはだかり、さらにはうねり、海氷の割れ目、水溜りなどに苦戦を強いられる。

そのときもっとも苦労をしたのは大島だ。日本人とイヌイットとの狭間に立たされ精神的な苦痛を味わっている。

日大隊が極点をめざしているとき、植村直己も一人極点をめざし犬ぞりを走らせていた。それはどちらが早く極点に着くかの、マスコミが絡んだ極点到着レースそのものであった。

同時期に「太平洋一人ぼっち」で有名な、海洋冒険家堀江謙一も氷上ヨットで極点をめざしていたが断念している。

そのレース結果は、四月二八日に日大隊が植村より一日早く極点に到着し、植村は一日遅れの二九日に到着している。もっとも植村にとって北極は南極への一通過点でありマスコミが騒ぐほどのことはなかったようだ。

日大隊の北極点到達は世界で四番目、植村は犬ぞり単独行としては世界初の快挙であった。

伊藤のように北極にとらわれずに世界を歩く冒険者、そして植村のように登山を一つの通過点とし、南極横断という大きな夢をかかげ北極点を通りすぎていった冒険者、多田雄幸のように大海原に挑戦した冒険者、そして大島育雄のようにイヌイットの娘と結婚し北極圏で生活をするという人生を選んだ冒険者、そのかたちはさまざまだ。

彼らの生きざまは時として多くの人々を感動させはするが、なぜか刹那的にも思えるのは私だけだろうか。それはときとして冒険者が短命であることに起因している。

二〇〇四年（平成16）七月に行われた「地球縦周り一周の旅」グリーンランド編報告会の中で冒険家の大場満郎はこう言っている。

「イヌイットたちは雪と氷の中で何千年も昔から生きてきた。アザラシを獲って、人間に必要なビタミンやミネラルを摂取し、健康を保ってきた。狩猟したアザラシは、肉も皮も無駄にすることはない。食べることに必要な分だけ獲り、貯蔵することもない。彼らは自然と調和して生きている。しかし、環境ホルモンの問題は深刻であり、北極海に流れこんだＤＤＴやＰＣＢといった科学物質が、アザラシ、白熊、そして植物連鎖の頂上にいる人間の体に影響を与えている。また、現地の大島育夫さんから聞いた話だが、地球温暖化の影響からか、年々、氷河の末端が解けて後退しており、海氷のなりがとても悪く、昔は、十月中旬から六月まで海が凍っていたのが、今では一月から五月になってしまった。それにより、海氷上を犬ぞりで走る期間が短くなり、狩猟だけで生計を立てるのが非常にむずかしくなってきている。そのような地球環境の問題は、一つの地域、一つの国で取り組んでも解決はむずかしい。全地球市民が意識を高め、協力することが必要である。」

大場の言うことはもっともで、まさに地球環境は危機的といわれているが、我々はＣＯ２の排出問題程度の論議でよいのであろうか。

私は過日神々の国といわれて久しいインドネシアのバリ島に行く機会に恵まれた。遠くから見るバリ島の田園風景は緑の稲が波打ち実に心を打たれるものがある。さらに私はカメラをさげあぜ道から田んぼに踏み込んだ。水路沿いを歩いて行くと水を分岐するための小さな堰《せき》があった。堰を見て私は唖然《あぜん》とした。ビニール、発砲スチロール、ペットボトルなどが、堰に山ほどつっかえていた。あのバリ島にである。さらに足を進めると、あぜ道には土留め用の土とともに、やはりビニール類があった。神々の国にまで環境汚染が進んでいると思うと人間のつくった近代文明を疑いざるを得なくなった。悲しい限りである。

北極クラブが発足した年に「アザラシを食う会」があったように記憶している。まだ生態系の保護や環境にうるさくなかった時代のことだ。会場は東京銀座にあるライオン・ホールだった。会場には当時では珍しい海外の酒とアラスカから空輸したアザラシの肉が用意されていた。当然あいさつなどのセレモニーがあるのだが、私と側にいた山岳カメラマンのAさんは、アザラシの肉が気になって仕方がなかったのを記憶している。

肉はその場で調理師によって薄く切られ、生のままでにんにく醤油につけて食べるのがもっともうまいといわれている。舌の上で冷たさと同時にとろけるような肉の触感と風味がなんともいえない。しかし今は、アザラシは保護されエスキモーしか食すことはできないようになっている。環境

トヨタのブリザードに乗る伊藤　【1】

保護のためである。
後年、あの肉は実は北海道からの輸送したものだと伊藤に聞かされたときはしてやられたと思ったが、どこ産であれうまさは変わらず、もう一度食したいと願っているが、鯨肉と触感はよく似ているので、あれは鯨肉ではないかとも疑っている。しかしそれはそれで余興の一つである。

北極クラブは北極に興味のある人なら誰でも入れ、会費がないことが魅力だ。会のモットーは「楽しくやろう」であり、冒険家にとっては北極に限らず、南極、世界の山々などの情報を得ることができることは前にも書いたとおりだ。

日本では白瀬中尉やタロー、ジローの名で親しまれている南極探検がよく知られているが、関係者に言わせると、「北極は近く行きやすく、南極に比べて動植物が豊富で、エスキモーが生活しており南極よりはるかにおもしろい」と言う。

北極の定義は、年間平均気温が十度を超えない地点で線を結び、そこから北の地域が北極でカナダ、グリーンランド、アラスカ、シベリヤの一部も入る。しかし、その定義も、昨今の温暖化で崩れるかもしれない。

極寒のカナダ五千キロ走行

さて私の友人の伊藤周左エ門であるがグリーンランド越冬、アフリカ縦断後は借金をした女性と無事に結婚をした。借金が返せず結婚したのか、愛情ゆえなのかは、本人には失礼でとてもそんなことは聞けないが、二人の子に恵まれ土樽で静かに暮らしているのは事実だ。

しかししょせんは冒険者である。冒険への虫が走らないはずはなかった。冒険を望む心は健康ではあるが病気なのである。

一九八〇年（昭和55）、仲間から冒険の話を聞くにつれ、伊藤の健康なる冒険への虫が動きはじめる。

その年の二月、またしても伊藤の冒険のはじまりである。

それは太平洋岸の極寒のカナダ、バンクーバーからタクトヤックトックまで五千キロのラフ道路を、トヨタが新しく開発した四輪駆動車で走行するという計画であった。隊長に選ばれたのは伊藤

オペレーション・ドゥ・ノース隊の伊藤（中央）　【1】

だった。この頃私はすでに定職についていたのでただただうらやましいと思った。

隊の名は名づけて「オペレーション・ドゥ・ノース」（北への志向）である。

伊藤を隊長にメンバーは、マネージャーの五月女次男、早稲田大学講師でアルーシャン・カナダ北極圏に三回の経験のある人類学者ウイリアム・ヘンリ、インド生まれで北緯七四度の北極圏にあるレゾリュートに住み、エスキモーにくわしく、植村直己をサポートとしたベーゼル・ジェスダーソン、文藝春秋の記者・設楽敦生《したらあつお》、同カメラマンの安藤幹久であった。ともに北極圏のスペシャリストで最強のメンバーである。

極寒のカナダを走破するために用意した車は、トヨタ自動車が自信をもつ耐寒用装備が施してある新型車ブリザードとランドクルーザーの二台であった。装備はエンジン周囲をキルテイング加工、グラスファイバー製のフロントガラス、前部バンパーに取りつけた電動ウインチ、室内の特別ヒーター類などと万全であった。

一九八〇年（昭和55）二月十一日、伊藤を隊長とするオペレーション・ドゥ・ノース隊は、バンクーバーを出発した。この日気温三度、まあまあの気温である。トヨタから用意された二台の車は快適にロッキー山脈の中を走りバンフを抜け、エドモントンへ、ここまで来ると気温はマイナス二十度まで一気に下がる。そして北上するにつれて雪が深くなる。途中雪だまりに突っ込んだ車がある。新型車の出番だ。三台の車を電動ウインチで助ける。通り過ぎる車を見るとライトの欠けた車が多いことに気づく、対向車が跳ねとばした氷塊や石によってライトが破損するからだ。

バンクーバーを出発してから四日目、シカニチーフに着く前の山中で初めてのオーロラを見た。夜空にゆっくりカーテン状に動き、夜空をさまざまな色でいろどり、実に神秘的だ。しかし、極地で見るよりもやや白っぽく見える。フトソンレークを過ぎると車の音に驚いて木からふくろうが飛び立った。夕方、リンクス（おおやまねこ）を発見する、なかなか見ることができないだけにラッキーだ。前方に馬の群れが出現した。ワイルド・ホースと呼ばれる野生の馬だ、車を降り近づくが逃げることもない、のんびりと太い足で氷を割り、氷の下に隠れている草をほじくり食べている。自然のきびしさを実感するが、動物は本能的に生きるすべをそなえているものだ。その光景は道産子に似ている。まさに野生動物の宝庫であるが、路上で車にはねられたムース（大鹿）などの死骸が横たわるのを見ると、人間との共存のむずかしさを感じる。車をとめムースに近づくとまだぬくもりが残っている。車がなければ、近代文明が森の中に進入しなければ、このような運命をたどらないだろうと思うと、動物への憐憫《れんびん》の情を感じる。

十九日ドーソン・シティに到着する。マイナス二九度。とりあえず街の古ぼけたモーテルに宿をとった。

ドーソン・シティはアラスカがゴールドラッシュに湧いたときに栄えた街である。ずいぶん昔の話になるがジョン・ウェイン主演で「アラスカ魂」というハリウッド映画があったように記憶している。たぶんこのへんの話なのだろう。

古ぼけたモーテルはすきま風が入りどうも居心地が悪い。翌早朝、伊藤は羽毛服を身につけ部屋から外に飛び出した。ひげ、鼻毛までが音を立てたちまち凍りつくのがわかる、息をすると肺まで氷りつきそうで痛い、なんという寒さだろう、ランドクルーザーの屋根にとりつけてある温度計を見やると、マイナス三九度で止まっている。

まだ薄暗い朝モーテルのイルミネーションだけがわびしく雪景色の中で息をしていた。

この日の午後いよいよ世界最北のデンプター・ハイウェイに入る。このハイウェイは原生林を切り拓き、永久凍土の上に道路をつくったものだ。舗装などはしてないが、マイナス三十度の世界である、冬はガンガンに氷つきコンクリート以上の堅さになっている。氷上は滑るという日本での常識は、マイナス三十度の世界では通用しない。

スプルース（松）林を走り抜けるとうさぎの死骸が路上でめだつようになる。うさぎは悲しいことに車のライトに目がくらみ飛び込んできては車の犠牲になるのだ。車がなければもちろんこんなことはない。まさに文明の被害者だ。

バンクーバーを出発してから十一日目となる。いよいよ北緯六十度三三分を越えると、北極圏だ。気温マイナス四十度、とてつもなく寒い、いや痛い。二台の車はブリザートが吹き抜ける中、まさに地の果てを走る。隊は氷ついたヒールリバー川の上を走行する。夏場はフェリーが走行しているというが、とても想像はできない。これが北極圏なのだ。

二月二二日、イヌビックに到着した。この町はエスキモーの言葉で人の住む土地という意味だ。街は人が住むと言うだけあってホテルもスーパーも銀行もある。もっとも急速にのびてきたのは、石油会社の進出や米軍の遠隔防空警戒線があったからである。

二月二三日、イヌビックを出発して旅の最終地点、北極海に面するタクトヤクタックへ向け出発する。氷ついたマッケンジー川はアイスロードとなり、その上を走る。やがて北極海上に到達すると海氷は車の下で透けて見える。不思議な世界だ。海岸の起伏の見える風景は、永久凍土の霜柱が地面を押し上げ数千年かけてつくった山々だ。それが青くシルエットに大地に広がって見える。車の前をキツネがと通り抜け、立ち止まると、我々進入者を不思議そうな顔をして振り返る。

バンクーバーを出て十三日目、最終地点であるタクトヤクタックに到着した。カナダのロッキー山脈を越え、永久凍土、北極海上を走行、全走行距離五六八一キロにおよんだ。それは海が閉じる冬でないと実現できない過酷な旅でもあった。マイナス四二度の中をエスキモーの子どもたちが笑顔で迎えてくれた。それは隊員にとって至福のときであった。

あるヤッパン・インディアンの足跡

この旅の後、伊藤と五月女は一〇〇キロ戻り、極北インデアンと結婚した日本人の末裔を探すためイヌビックに入った。カナダ北極圏では、森林限界を境にして北にエスキモー、南にインデアンが住んでいる。

その日本人とは、姓名をマスズミ・ヒロキという小柄なヤッパン・インディアン（日本人インディアン）と呼ばれた人物であった。

ヤッパン・インディアン、マスズミ・ヒロキの日本名は増住弘貴《ますずみひろき》、彼は一八八四年（明治17）熊本県八代《やつしろ》郡鹿島《かしま》村（現氷川町《ひかわちょう》）の豪農の家に生まれ、兄が西洋通であったためその影響を強く受けたのだった。十八歳、血気さかんな年である、ヒロキは日本からアメリカを結ぶ太平洋航路のコックの職を得る。しかし人生が順風満帆にいかないのは常である、ヒロキの乗った船は時化《しけ》に遭い太平洋上で難破し、流れ着いたのがシアトルだった。異文化、異人種の中で、ヒロキは路頭に迷う。しかし生きていかなくてはならない。その頃カナダのユーコン準州ではゴールドラッシュのにぎわいをみせ、つかの間のゴールド景気をみせていた。ヒロキは運よくドーソンで蒸気船のコックの職を得ることができた。一九〇六年(明治39)頃のことである。金の採掘ではなくコックの仕事を得たのは黄色人種に対する差別があったからのようだ。その後、ヒロキがヤッパン・インディアンとして、現地のインディアン酋長の娘ルーシーと結婚するまでには、相当な辛酸をなめている。極北でのきびしい寒さ、狩猟による自給生活、言葉や習慣の問題、それは想像を絶するものがあったと思われる。

ヒロキはルーシーとの間に八人の子どもをもうけ、夏はマッケンジー川で泳ぎ魚を捕り、ときどきふるさとの歌を口ずさんでいたようだ。望郷の思いもあったのだろう。

ヒロキの子どもの一人アリスは、父をこう語った。

「静かでいつもにこにこしていました。とにかくよく働き、森の木を伐って薪を割り、そりを作り、犬の世話をし、狩りをしました。村人たちからはたいへん好かれ、父が日本人だということで差別をされることもありませんでした。父のやっていたことは村の人とまったく変わりありませんでした」

ヒロキを極北インデアンが受け入れたのは、同じような顔をした日本人に好感を抱いたからではないだろうか。それは大島や植村がイヌイットに受け入れられた状況とよく似ている。ヒロキの熊本の家の一部はまだ残っている。彼の家には広い庭と、築山があり、家から三〇〇メートルのところに氷川という名の川があった。そこで幼少の頃よく遊び水泳が得意だった。

一九四四年（昭和19）妻ルーシーに先立たれたヒロキは、子どもたちを男手一つで育てあげたが、彼の最期は悲惨だった。

一九四九年（昭和24）六月、マッケンジー川は雪解けの水であふれていた。ヒロキは氷塊や流木が流れる中を娘のジェーンとその友だち二人と大人一人をカヌーに乗せて魚とりに出かけた。ところが四人を乗せたカヌーは上流から流れてきた太い流木に挟まれ身動きがとれなくなった。ヒロキが流木を取り除こうと立ち上がった瞬間、娘と友だちも立ち上がりカヌーはバランスを失い転覆した。水に投げ出されたジェーンの友だちをヒロキは助けたが、娘ジェーンがカヌーの側にいないことに気づくと混乱した。ヒロキは何度も激流に向かい「ジェーン、ジェーン」と娘の名を叫び、激流の中を探した。幼少の頃川で遊び水泳が得意だったとはいえ、自然の猛威にヒロキは立ち向かうことができず自ら力つき溺れた。

カヌー転覆を知った村人は、岸辺に息絶え絶えのヒロキを見つけ引き揚げ介抱したが、その甲斐はなかった。死因は溺死でなく心臓麻痺だった。享年六五歳である。

伊藤はヤッパン・インデアン・マスズミ・ヒロキの足跡を訪ね涙した。何か通じるものがあった、それは人生のはかなさなのだろうか、それともヒロキの破天荒な生き方に冒険者伊藤を重ねたのであろうか。明治、大正、昭和という激動の時代を生き、流れついた極北の地、もちろんその生活は過酷であったに違いないが、なぜかもの悲しい男のロマンを感じるのであった。

一九三三年（昭和8）年生まれの伊藤は、終戦を十二歳で迎えた。それだけに戦争へのこだわりが強い。ヒロキは第二次世界大戦中、米国本土にいた日系人と同じように敵国人として日系米人強制収容所に入れられ、つらい思いをしたのだろうか、市民権を剥奪されたのだろうか、と思った。

ヒロキの生きた時代、新田次郎の『アラスカ物語』のモデルとなった宮城県石巻出身のフランク安田（安田恭輔《きょうすけ》）も外国船のキャビンボーイとなり、その後北極海沿いの村ビーバーにあるエスキモー村に住み、生涯祖国に帰ることはなかった。『アラスカ物語』には、安田以外にもジョージ大島、ジェームス・ミナミと名乗る人物が出てくるが、実在の人物をモデルにしている。

ちなみに安田は、第二次世界大戦中日系米人強制収容所に入れられている。

日系米人強制収容所とは、十二万人以上の日系米人を主に西海岸から立ち退かせ、米国中西部に設けられた野外施設や競馬場などに強制的に住まわせた。強制収容所は、全米で十ヶ所、多くの施設は、人間が住むようなところではなかった。

植村直己の挑戦

マッキンリー山

【T】

水平思考の冒険

前にも書いたが、世界でもっとも高い山エベレストに初登頂したのは、一九五三年（昭和28）のヒラリーとシェルパのテンジンである。しかしエベレスト登頂の歴史には「最大のミステリー」といわれるものがある。

一九二四年（大正13）、英国登山家のジョージ・マロリーとアンドル・アービンは、中国側の標高八二〇〇メートル地点で最終キャンプを張りエベレスト山頂をめざした。しかし、最終キャンプにいた隊員が頂上に通じる岩場で二人の姿を見たのを最後に、山は一転して厚い雲に被われ二人は消息をたってしまった。登頂していればマロリーとアービンが初登頂であり、世界山岳会の歴史が変わることになる。しかし登頂の確認はむずかしい。

一九九九年（平成11）に二人のものとされる遺体がアメリカのマロリー&アービン捜索隊により、標高八一六〇メートル付近でうつ伏せのままガレキの中から発見された。登頂の鍵となるコダックのカメラは発見されず、いまだに登頂の真実はミステリーである。

「なぜ山に登るのか」の問いに「そこに山があるからだ」と言ったのはマロリーである。

その後日本ではしばしば登山家に同じ問いが投げかけられるが、ニューヨークタイムズの記者に質問されたとき、マロリーは「Because it is there.」（そこにそれがあるから）、と応えている。彼の言った「それ」とは実はエベレストだったのである。つまりエベレストがあるから登るという意味だったので、不特定の山を指していたわけではない。その後マロリーの言葉は意味を変え一人歩きすることになる。

エベレストに登山したときの二人の服装は、ツイードのジャケットにゲートル、そして鋲を打ち付けた革靴だった。今ではそのへんの山野をハイキングするような服装でとてもエベレストに行くような出で立ちではない。素人目にも恐ろしくなる。

それにしても危険を冒してまで果たさなくてはいけない冒険とはいったいなんなのだろうか。アスリートは「より高く、より早く、より遠く、より華麗に」をめざす。その姿は、日常平穏な生活を送っている私たちにとって、ときには不可解で理不尽に映ることがある。特にアルピニストや探検家の挑戦は、そこまでしなくともいいでないか、としばしば疑うことがある。しかし彼らからもらう感動と勇気にははかりしれないものがあるのも事実だ。

長野オリンピック男子スキージャンプの原田雅彦選手のジャンプ、アトランタ・オリンピック女子マラソンの有森裕子から受けた感動、北京オリンピックの北島康介の涙、それがたとえ無償の行為でなくても、人間が極限に挑戦し、燃え尽きた姿には心を動かされるに違いない。ましてやそれが無償の行為であったらなおさらのことである。その代表的な人物が植村直己である。

植村直己は探検について「お金と生命をかえるとか、命を捨てて金儲けをする気はない。一〇〇メートルでも三十分でも前進して後援者に恩返しをしようと自分を勇気づけるのです」と話している。

植村の人気はそんな謙虚なところにある。

冒険家・植村直己が五大陸最高峰登頂、北極点到達、グリーンランド横断など数々の偉業を成し遂げたことはすでに書いた。冒険家には危険がつきものである、幾度となく彼は窮地に陥りながらも、もち前のエネルギーと好運さで乗りきっているが、一九七八年に行った北極点到達の頃から彼の好運にかげりが見えはじめる。この旅行は植村の意とは違い膨大な費用がかかった。一九八一年（昭和56）には日本隊を率いて厳冬期エベレスト初登頂に挑んでいるが、隊員一人を失い撤退した。一九八二年〜八三年、南極ビンソンマシフ峰犬ぞり登頂も失敗である。

ここで植村直己の冒険の足跡をもう一度おさらいしたい。

一九六四年十月　モンブラン（四八〇七メートル）登頂失敗
一九六五年四月　ゴジュンバカン（七六四六メートル）初登頂
一九六六年七月　モンブラン単独登頂
一九六六年十月　マッターホルン（四四七八メートル）単独登頂
一九六六年十月　ケニア山（五八九五メートル）単独登頂

一九六六年十月　キリマンジェロ（五八九五メートル）単独登頂
一九六八年二月　アコンカグア（六九五九メートル）単独登頂
一九六八年四月　アマゾン川いかだ下り六千キロ単独下降
一九七〇年五月　エベレスト（八八四八メートル）日本人として初登頂
一九七〇年八月　マッキンリー（六一九四メートル）単独登頂
一九七一年一月　グランドジョラス北壁（四二〇八メートル）登頂
一九七一年八月　日本徒歩縦断三千キロ単独踏破
一九七三年五月　グリーンランド沿岸犬ぞり行三千キロ・単独走破
一九七四年～七五年　北極圏一万二千キロ単独走破
一九七八年四月　北極点犬ぞり行・単独走破
一九七八年八月　グリーンランド犬ぞり旅行三千キロ単独走破
一九八〇年八月　アコンカグア（六九五九メートル）登頂
一九八一年一月　エベレスト厳冬期初登頂失敗
一九八二年～八三年　南極ビンソンマシフ（五一四〇メートル）犬ぞり登頂に失敗
一九八四年二月　マッキンリー（六一九四メートル）冬季単独登頂後消息不明

植村の足跡はまるで神風のように、そして何かにとりつかれたかのごとく見えるが、そこに植村の燃えたぎる生命力を感じることができる。また彼の水平志向の冒険が日本徒歩縦断三千キロ、グリーンランド沿岸犬ぞり行三千キロ、北極圏一万二千キロなど、三千、六千といった三の倍数であることも興味深い。

植村は言う「高い山に登ったからすごいとか、えらいとかいう考え方にはなれない。山登りを優劣では見てはいけないと思う。要はどんな小さなハイキング的な山であっても、登る人自身が登り終えた後も深く心に残る登山が本当だと思う」

たしかに植村の言うとおり、この言葉は多くのアスリートにも通じる。

小高い山に立ち自然を満喫する、あるいは森林の中を歩く、それだけでも人間は幸福感にしたることができる。それが心に残る登山であり山行なのである。

それにしても植村の冒険の代償はあまりにも大きい。こんなことを書くと夢を壊すかもしれないが、冒険家はどのようにして日常の糧を得ていたのであろうか。伊藤のように山荘経営という生活基盤のある人はごくわずかで、多くの冒険家は山行のためにアルバイトをするのが現状ではないだろうか。植村自身も生涯定職には就いていない。そうなると当然将来への不安が生じてくる。私の知人でＫ２にアタックした友人も三十歳後に山をやめ定職についている。理由は将来が不安だからだ。

▲エベレスト厳冬期挑戦後の自宅でくつろぐ植村直己　【1】

一九七一年（昭和46）日本徒歩縦断を終えた秋頃、植村は将来の不安についてこう語っている。

「将来を思うと、わびしく、寂しい。科学者のように、一つの目標をたて、一生それに打ち込めるのは幸福だなと思う。自分も十年後には、山とも冒険とも関係のない、ごく普通の生活をしているだろう」

実際の話、冒険家という職業はないし、冒険や山登りで食っていくことは至難の技だ。安定した仕事に就き日々何事もなく暮らす、そう思いながら将来への不安と夢との狭間で植村自身も揺れていたに違いない。

植村が「ごく普通の生活をしているだろう」と言った十年後、彼は日本隊を率いてエベレスト厳冬期初登頂に挑戦して失敗している。一九八一年（昭和56）一月のことである。そして、一九八四年（昭和59）二月、厳冬期のマッキンリーで消息をたった。

もし彼が市井《しせい》の人に戻ったならば、スーパースター植村直己の冒険談を多くの青少年が聞けたはずである。そう考えるとあまりに惜しい。

マッキンリー登山の謎

植村直己をスーパースターにしたのは、一九七四年（昭和49）～七五年（昭和50）に行った北極圏一万二千キロ単独走破の犬ぞり旅行であった。日本は高度経済成長のまっただ中で多くの日本人は働くのに懸命であった。「ウサギ小屋に住む働き蜂の日本人」と外国から悪口を言われたのもこの頃のことである。若き日の夢をあきらめていた多くの日本人に植村の犬ぞり旅行は感動を与え日本中が大騒ぎになった。どこにでもいそうなずんぐりむっくりの「どんぐり」とあだ名のついた小男が偉業をなしとげた、そのことが日本人にとってわがことのようにうれしかったのである。

エベレスト登頂という垂直方向の冒険より、犬ぞりを駆って雪原を走る冒険は、人間臭くより身近に感じたのである。私も例外ではなかった。

植村は「世界のウエムラ」といわれ有名になるが、周囲の期待が重圧となり重くのしかかってくる。その重圧とは、自分の夢をなし得ない「普通の生活をしている」人々の冒険家植村に託した夢の実現、南極大陸横断への期待でもあった。しかしそれも冒険家の宿命なのであった。

植村は最終目標である南極大陸横断へのステップとして北極点単独犬ぞり行を行ったが、これに

講演中の植村の珍しいネクタイ姿　【I】

は膨大な費用が必要となったことは前にも書いたが、もう一度検証したい。

北極圏一万二千キロの場合、エスキモーの集落に途中寄り食料や装備を調達し多少なりとも休むこともできたが、北極点への道のりは氷上であり到達するまでは人家も見あたらず、飛行機の離発着できるところにキャンプを設け、空輪によって食料や必要装備の補給を受けなければならなかった。そのため北極圏の犬ぞり旅行が数百万の予算であったのに対して、極点到達旅行は当初の予算が六千万円、そのうち植村が千五百万を負担し、残りをスポンサー企業で供出することになっていたが、その後グリーンランド縦断旅行も加わり二億円近くまで費用が肥大した。帰国後の植村は、不足分四千万近くを一回五十万円の講演会を三ヶ月、月十五回にわたって行い埋め合わせをせざるを得なかった。話下手の植村にはつらいことだったに違いない。

▲一九八二年南極ビンソンマシフに植村を送る仲間たち　【1】
（右より早乙女、植村、一人おいて伊藤、多田、安藤）

植村は数々の冒険を行ったが、成功の裏には彼自身の幸運もあった。たとえばモンブランではクレパスに落ちながらも生還し、北極点単独行犬ぞりのときは白熊に襲われながらも危機を脱した。そのため植村だけは冒険で死なないと信じていた人も多かった。私もその内の一人である。

しかし植村との突然の別れがくる。

一九八二年（昭和57）三月三一日、フォークランド戦争（アルゼンチン軍によって突如占領された英領フォークランド諸島を軍事力の行使によってわずか三ヶ月でイギリスが取り戻した戦争）がはじまった。それは植村が計画していた南極大陸横断を断念することも意味していた。なぜなら大陸横断は、アルゼンチン軍の援助を不可欠としたからである。そして失意の中で一九八四年二月にマッキンリーに挑戦、植村直己は消息不明になる。

植村はマッキンリーにはすでに一九七〇年（昭和45）八月単独登頂している。今回の挑戦はまだ単独登頂されていない厳冬期の挑戦であった。どちらかというと植村の冒険は、一九七三年（昭和48）五月グリーンランド沿岸犬ぞり行三千キロ以降は水平志向であった。それが一九八〇年（昭和55）久しぶりの垂直志向への挑戦であるアコンカグアに登頂をする。翌年の一月、エベレスト厳冬期初登頂では失敗している。

南極という水平思考の最終目標がありながら、なぜ植村がマッキンリーに登る必要があったのか、疑問をもつのは私だけだろうか。やはり冒険せずにはいられない健康な病気なのだろうか。

マッキンリーは北米アラスカにそびえ立つ独立峰で六一九四メートルの高さがある。ヒマラヤの八千メートル級の山に比較すれば高さこそおよばないが、北極圏に位置する関係で気流が荒れ気候が激変する特徴がある。冬場の気象条件は非常にきびしく、専門家の中では標高を二千メートル足して考えるのが常識だといわれている。つまりエベレスト並ということである。

厳冬期のマッキンリーは植村が挑戦するまでに三隊しか登頂に成功していない。その歴史は、一九一七年（大正6）から一九八三年（昭和58）までに四三人が遭難、うちクレパスに落ちたのが二二人、いまだに遺体は見つからず、歴史がきびしさを物語る。

植村のマッキンリー登山のなぞは渡米後の彼の動きに見ることができる。登山前にミネソタ州の

マッキンリー直下の氷河　【T】

野外冒険学校で犬ぞりの指導員をし、日本に帰るついでに登った形跡がある。

それは「危険を冒すから冒険だが、一〇〇パーセント自信がなければやらない」と言っていた植村が、マッキンリー登頂の計画を直前まで親しい友人にも告げなかったこと、登山用具を急きょ日本から取り寄せたことなど謎が多い。しかも輸送された登山靴を使用せずバニーブーツ（アラスカなどの極寒地用の防寒二重ゴム底靴）を使用したこと、そして植村の所持していた通信機は飛行機を介さないと交信できない小出力のものだったことなど、世界の植村の行動にしては不可解な点が多すぎる。

植村はマッキンリーがエベレスト並のきびしさだと知っていたはずである、そうであるならば相当な準備が必要だったはずである。

一九八四年（昭和59）二月一日、植村と親交のあったテレビ朝日ディレクター大谷映芳《おおたにえいほう》に、「まあ、のんびりやってきますよ。二週間分の食料もあるし」と言ってマッキンリーに向かったのが、植村の最後の言葉となった。大谷もまたK2（八六一一メートル）西稜初登攀等の経歴をもつ登山家であった。このとき大谷は植村を取材するために渡米していた。

この日植村直己はベースキャンプのカヒルトナ氷河を総重量五十キロあるそりを引き、腰にはクレパス落下防止用の竹竿を差し出発した。その姿はまるで仇討ちに行く素浪人のようだったという。竹竿は、モンブランに登頂中、氷河の落ちた、そのときの経験から使用しているものだった。植村の登山中の食料はカリブー（北米産トナカイ）の生肉だった。これも登山に適しているかどうか、疑問が残る。このとき植村四三歳である。

以下は当時の新聞から抜粋した経過である。

二月十三日　登頂に成功した植村は、下山途中、飛行機のパイロット、タグ・ギーティングと無線交信で登頂成功を伝える。

二月十六日　五千メートル地点で手を振る植村をタグが確認するが、視認できたのはこれが最後となり植村は消息をたつ。

二月二十日　捜索隊が四千メートル地点の雪洞で植村の日記を発見する。

「単独こそが、自分の進む道だ。……死にそうな目に遭った。自分を勇気づけるために青い山脈を大声で歌った」(二月五日付)

「アイゼンが五分おきぐらいに何回かはずれた。寒くて直すのに苦労した」(六日付)

捜索隊が見つけた日記には端正な字できびしいマッキンリーの状況が書かれていた。

三月六日　捜索隊が五千二百メートル地点で雪洞を発見、中にはカリブーの肉、ヤッケ(防寒用上着)、カラビナ(岩登り用具)、スコップ、ザックなど計十六点があった。植村はここを最終キャンプとし、頂上をめざしたと見られる。好天なら約一日のビバーク(登山で露営すること)で登頂可能である。

植村がいた地点は、氷点下五十〜六十度に達し、風速八十〜一〇〇メートルが吹くきびしい状況だったのである。

植村が使用していた保温性の良いバニーブーツは極地には適するが、靴底が柔らかくアイゼンとの装着性に乏しく登山には不向きだった。マッキンリーではマイナス四十度になると密度の濃いブルーアイスとなりアイゼンのかかりが悪くなる、それに靴とアイゼンとの不具合、これが植村の滑落の原因なのか、なぞは多い。

靴が原因の滑落の可能性を指摘したのは、七七年から七九年に冬季ヨーロッパ三大北壁を登った世界的トップクライマーの長谷川恒夫だ。彼は、一九七三年（昭和48）ポストモンスーン（秋季）エベレスト登頂をした加藤保男が、サウスコルでビバーグしたあと救出した男である。

「ビギナー、プロを問わず、冬山登山の生命線はアイゼンにつきるといっても過言ではない。そこに不備があったら、遭難の大原因と考えるしかない。それも登りより下山のほうが危険性は増す。日頃、装備点検については、比類のない慎重さを習得している植村さんが、なぜアイゼンの不備を自覚しながら登って行ってしまったのか。どうにも信じられない気持ちです」。

その長谷川恒夫は、「山の機嫌がいいときに登らせてもらうのだ」と言いながらも、山の機嫌をそこね、一九九一年（平成3）にヒマラヤのウルタール五千三百メートル地点で雪崩に遭い死んでいる。

一九八四年（昭和59）五月十四日、明治大学山岳部ＯＢの第二次捜索隊が、植村が頂上に残した日の丸を発見。旗は妻公子が植村に頼まれ東京のデパートで購入し送ったものだった。日の丸を持参しなかったことも、今考えれば不可解なことである。

そして植村の捜索は五月十七日に打ち切られ、今もマッキンリーのどこかで静かに眠っている。

日本人に勇気を与えた風

一九八四年（昭和59）六月十六日、「未知を切り拓いていく勇気と困難に耐える不屈の精神」に満ちた植村の魂を見送ろうと、関係者の手により「植村直己さんに別れを告げる会」が行われた。公子の申し出により会は、はでなことが嫌いだった植村の遺志を汲んで花輪、香典はいっさいなかった。

会場となった東京青山葬儀所には関係者約三千人が参加した。会場正面の祭壇には髪がぼさぼさの植村がほほえむ写真が、クレパス転落用の二本の竹竿に支えられ、祭壇には白いカーネーションと赤いバラが飾られた。さらに植村愛用のピッケル、一九七〇年にマッキンリー単独登頂した頂上の石、捜索隊によってマッキンリー山頂で発見された日の丸が添えられた。

会場には、詩人の草野心平、駐日米国大使・マンスフィールド、駐日デンマーク大使・キングバーグ氏などが駆けつけた。

前日本山岳会会長・西堀栄三郎は「君は自分の弱さと戦い、能力の限界を高めた。未知の世界へロマンを求めて旅立ちなさい」と惜別の言葉を述べ、母校明治大学山岳部の岳友が「君は結婚して以来十数年間、ずーと奥さんのきみちゃんの手で髪を切ってもらった。できばえは、いつも一文銭くらいのはげが見事に隠れるものだった」というと、会場からすすり泣きの声が聞こえた。

最後にあいさつをしたのは公子だった。

「ご多忙のところ、植村直己にお別れのごあいさつをしていただき、まことにありがとうございました。

思いもかけぬことでしたが、マッキンリーからとうとう帰ってきませんでした。

生前のご厚誼《こうぎ》を、植村にかわって、心からお礼申し上げます。ご承知のように、植村はほとんどの場合、一人で旅や登山に出ておりましたが、単独行といっても、みなさまのなみなみならぬご好意とご協力があって、初めて自分のやりたいことをまっとうすることができたのだと思っております。本当にありがとうございました。

今日お集まりいただいた記念にと、植村にゆかりのある写真カードをつくってみました。つまらないものですが、これをお礼の気持ちにかえさせていただきたく存じます」

植村にゆかりのある写真カードや公子に残した写真は、困難な局面であったにもかかわらず子どものように笑っている。

「やっぱり遊び人だったねー。さんざん遊んで、遊んで、こんなに楽しそうでいいですよね。きれいな自然の中にいられたのだもの。みなさんに偉業だなんて言っていただいてずるいですよね……」

と言って公子は悲しそうに笑った。

植村の業績を讃えデンマーク政府は、一九七八年八月グリーンランド犬ぞり旅行三千キロ単独走破時の旅の終着点とした山を「ヌナタック・ウエムラ峰」と名づけた。また母校明治大学から植村に名誉博士号が送られている。そして日本人ならず世界の植村として彼の冒険の数々は多くの人に希望と感動をあたえたのだった。

公子には、今も「きみちゃん」と言って玄関を開ける植村の声が聞こえるような気がする。そして「あの人は私の人生に花をくれたのでしょう。そう、私を吹き抜けた風でした」と言った。

植村直己、四三歳、公子が言うように植村は日本人に勇気をあたえ風のように吹き抜けていった。別れを告げる会の祭壇に置かれた飾り気のない笑顔の植村直己、その胸中には何が去来していたのだろうか。

日本が戦争に敗けうちひしがれていた一九五〇年代、相撲界からプロレスに転向し日本中を湧かせた力道山、それはテレビ放送が開始されてまもなくのことだった。駅前や広場に設置された街頭テレビは人だかりで、力道山がシャープ兄弟などの外国人レスラーを空手チョップでなぎ倒すたびに興奮した。そしてあらわれた長島茂雄もまた日本国民に活力をあたえた。戦争に敗け自信を失い、物質大国アメリカに劣等感を抱いていた日本人、高度経済成長の中で働き疲れていた日本人に活力をあたえたのはスーパーヒーローたちだった。そして力道山や長島と同様、極限への挑戦を続けた植村直己もまたスーパーヒーローだったのである。

植村が亡くなった十二年後の一九九六年（平成8）六月、植村の友人たちはグリーンランドにある未踏峰ヌナタック・ウエムラ峰（二五四〇メートル）に向かった。ウエムラ峰登山隊のメンバーは、マッキンリーで植村を最後に取材した大谷映芳、北極点単独行を取材したカメラマンの安藤幹久、山岳ジャーナリストの森田洋《もりたひろし》など八人である。

白夜の続くグリーンランドは夜中でも明るい。午前三時、八人はそれぞれの思いを胸に抱いて岩稜や雪壁を登り、午前六時十分、全員が雪原を三六〇度見渡せる山頂に立った。

遠く雪原を見渡すと、植村が「ヤー、ヤー」と声をあげそりを操る姿が見えるような気がする。

大谷が「植村の名がついた山なんだから、日本人が初登頂できてよかった」と言った。

安藤が「植村さんのことを話すときは、決して死んだという言葉は使わない。まだ帰ってくるような気がして、そうしたらこの山に一緒に登りたい」と言った。

森田は「この登山は植村さんのためというよりも、自分の中の植村像を完結するために登るんです」と言った。

この年は植村の十三回忌にあたり、妻公子も行きたかったが体調がすぐれず辞退した。そしてまた伊藤も体調を崩し参加できず残念がった。

植村がマッキンリーの雪煙に消えてから、すでに二五年の歳月が経過した。彼が生きていれば今年で六七歳になる。私は六七歳の植村が、土樽で山仲間と談笑している姿が目に浮かぶが、その姿は北極圏一万二千キロを踏破したときのままだ。

二〇〇八年（平成20）四月、プロスキーヤーの三浦雄一郎が七五歳でエベレストに登る快挙をなしとげたが、植村も同じように高齢での挑戦をしただろうかと思うことがある。私は、彼は垂直への挑戦はせずに、少年たちを集め冒険への夢を語る植村の姿しか浮かばないのである。

今年、学校出たての若い新聞記者と話す機会があり、「植村直己を知っているか」と聞いたことがある。残念ながら若い記者の口からは私の知っている植村像は出てこなかった。学校の道徳などの副読本に植村直己は出ているようだ。日本の高度成長期、がむしゃらに働き、働き蜂とまでいわれた多くの日本人に勇気と希望とロマンを与えたのは誰でもない植村直己その人である。

彼のことをもっと知ってほしい、と願うのは私だけだろうか。

和泉雅子と伊藤周左エ門の北極行

北極での和泉さん（右）とイヌイットと伊藤（左）

白い世界に魅せられた銀幕のスター

一九八四年（昭和59）、伊藤は五十歳になっていた。世界をまたにかけ冒険をした伊藤だが、何か、物足りなさを感じていた。それは友・植村直己を北米のマッキンリーで失ったことからくるある種の無情感であった。同郷の三浦雄一郎はエベレスト、南極を滑り、いまだに冒険人生を送っている。一九六九年（昭和44）に初めて土樽の土を踏みすでに十五年の歳月が過ぎようとしているのに、何かもの足りないのだ。一九八六年（昭和61）に土樽山荘を買い取り、高波吾策が言っていた小屋のオーナーにもなった。しかもすでに二人の子持ちである。今さら冒険でもあるまい。

グリーンランドで越冬しその後の人生を無我夢中で送ってきた、そして多くの極点冒険家へのアドバイスをし、登山家を育ててきた。しかし伊藤はまだ北極点を踏んではいない、それが心残りといえば心残りだ。犬ぞりでの北極点到達にはとうに適齢は過ぎている。年齢には誰しも勝てない、残された人生は、師・吾策の遺志を継ぎ谷川岳を守ることに力を注ごうと思った。

土樽から見える周辺の山々は緑におおわれ涼風が吹き、魚野川には岩魚が銀鱗を躍らせ、足拍子岳は昔と変わらずそびえ立っていた。

そんなある日、植村直己の妻公子から土樽山荘の伊藤に思わぬ電話が入った。

「伊藤さん、つかぬことをお聞きしますが女性でも北極に行けますか」

伊藤は妙な電話だと首をかしげた。

「きみちゃん、女性がですか？」

「そうです」

「もう一度聞きますが女性ですね」

「はい」

「突然、きみちゃんが北極に行きたいというので、実をいうと驚きました、おそらく経験のある人間がサポートすれば行けますが、本気ですか」

伊藤は、公子が植村の足跡を追おうとしているのだと思った。

「勘違いしないで、私ではないの、実は紹介したい人がいるのですが会ってもらえますか」

「北極に行くのは、きみちゃんじゃないのですか」

「ええ、伊藤さんも知っていると思いますが、女優の和泉雅子さんなの」

「え！　女優、和泉さん？」

伊藤は耳を疑った。若い頃、和泉雅子さんはスクリーンで何回か見たことがあった。

「きみちゃん、お聞きしますがあの映画女優の和泉雅子さんのことですね。あの有名な」

伊藤は念を押した。

「そうです」

和泉雅子さんはは日活の青春映画全盛の頃、吉永小百合、松原千恵子とともに日活三人娘として活躍した日活の看板女優である。石原裕次郎や小林旭と共演したこともある銀幕のスターである。その女優がよりによって北極とはどういうつもりなのだろう、と伊藤は思った。

「きみちゃん、映画のロケですか」

「私もくわしいことはわからないのよ。ただ興味があるなら行ってみたらと言ったの」

なんだか無責任な話である、山の経験がない女優が行けるはずがないだろう、と内心伊藤は思った。

和泉雅子さんは一九四七年（昭和22）に東京銀座に生まれ十歳で芸能界に入り、子役として劇団若草で活躍した後、日活の青春映画で銀幕をにぎわした。一九六三年（昭和38）には主演映画「非行少女」の演技力が認められ、エランドール新人賞やソビエト連邦時代のモスクワ映画祭金賞などを得ている著名な俳優である。

和泉さんは一九八三年（昭和58）十二月から一月にかけて行った南極ロケで、空と海のつきあたりのない白い世界に魅了される。そのときの感動を和泉さんは著書『私だけの北極点』の中で「そこに一歩足を踏み入れた途端、私は極地のすばらしさ、豊かさ、たくましさに打たれてしまいました」と言っている。女優だけあって鋭い感性である。

帰国後も南極の白い風景がどうしても忘れられない。地球儀を見ると上には北極点がある。和泉さんは、急に地球のてっぺんに行きたくなった。北極点に挑戦するという思いは壮大だが、本業は女優であり冒険家ではない。和泉さんは数々の文献をあさった。目についた一つの冒険記事がある、一九六八年（昭和43）にアメリカ人・プレーステッドがスノーモービルで極点を踏破したことだ。これだと思った、時間のない和泉にとってとうてい植村のような犬ぞりの探検はできない。スノーモービルを駆使し専門家と行けば可能かもしれないと思った。

和泉さんの感受性豊かな想像力は大きく広がっていったのである。

スノーモービルの歴史は長く、もともとはトボカンという木製のそりにエンジンを載せたもので、一九三二年にアメリカで発明され、かたちをかえ現在にいたっている。今、北極圏では犬ぞりに変わりスノーモービルが人々の足のかわりになっている。

和泉さんはさっそく面識さえない植村の妻公子に連絡をした。驚いたのは公子だ「あなた、なんで行くの、本気で行くの」と問いながらも和泉の情熱に負け協力をすることになるが、植村の苦労を知っているだけに断念することを願っていた。そして和泉さんが次に会ったのが植村の犬ぞり単独行をサポートした多田雄幸だった。多田はそのとき開催していた植村の写真展に和泉さんを同行させ「あなたにこんなつらいことはできますかと」と言っている。多田に会った御礼を公子に告げると次に紹介されたのが、北極経験二五回のスペシャリスト五月女次男だった。五月女は和泉の話を聞くと、カナダ北極レゾリュートに住むベーゼル・ジェスダーセンと連絡をとり、好感触を得る。ベーゼルはノルウェー隊やフィンランド隊をサポートした経験があった。

和泉さんは一九八四年（昭和59）十一月、五月女とともにレゾリュートに行きベーゼルに会い、具体的な打ち合わせをした。補給フライトの回数や位置、極地での防寒装備、食料の調達や保存、気象条件、海氷の状態など打ち合わせは山ほどあった、そして出発点をカナダ最北端のワードハンド島とする基本計画ができあがった。

そして同行者としてベーゼルと五月女が推薦したのが、伊藤だった。

和泉さんに初めて会ったときの印象を伊藤はこう語る。

「初めてお会いしたとき、マコさんの口から出たのは『北極点に行きたいからサポートをして欲しい』ということでした。女性が本当に北極点に行けるのだろうかと、私はいろいろと思案しました。和泉さんは、東京に生まれ子役から日活のスターになった人です。常に付き人がいてなんでもやってくれる、北極点遠征に行ったら自分だけが頼りで人を頼ることはできない、すべてを自分でやらなければいけないのです。それが彼女にできるのだろうか、と思いました」

伊藤は要請を受けたものの受けるかどうか迷っていた。和泉さんの計画書を見ると植村直己が北極点に到達したときのコースとほとんど変わらない。もちろん北極を知らない和泉さんが、べーゼルや五月女からのアドバイスを得て作成したものである。この探検を知ったら植村は笑うに違いない、伊藤にとって植村の神聖な領域を汚すような気もしたし、植村をサポートできずに日大隊に遅れをとったというしろめたさもあった。このとき、伊藤はすでに五一歳、北極点に行くには少し歳を食いすぎていたかのように思えたが、谷川岳を自分の庭のように歩いているだけあって体力と気力に問題はなかった。

伊藤にとって北極点に行く最後のチャンスである、北極点に立ちたい、極地探検家が誰しも夢見ることである。

伊藤は北極行きを承諾したものの、妻の同意を得てなかった。

「妻には、心の準備が十分にできてから話そうと思っていましたから後で叱られましたよ。もしものことがあったら小さい子ども二人をどうするのだと言われました。結局、新聞などで大きく報道されましたので、妻も承諾せざるを得ませんでした。既成の事実というわけです」

伊藤は同行を承諾したものの、雪を知らない和泉さんを鍛えなければ自身が危険だと思った。

「何しろ自分で新幹線の切符を買って乗るのは初めてという人ですから、これからがたいへんだと思いました」

伊藤は和泉さんに言った。

「自分で切符を買って湯沢まで来てください」

伊藤が新潟県湯沢駅前に、赤い車体に白いペンキで土樽山荘とかかれたランドクルーザーで和泉さんを出迎えたのは十二月二一日だった。

同行者は北極域のスペシャリスト五月女だった。

耐寒訓練と極地訓練

湯沢町は新潟県の南端に位置し、三国峠の宿場町として栄えた温泉地である。山に囲まれ清涼な空気と山並みは都会から来る人たちの心をとらえてはなさない。人口約八千八百人であるが、周辺にある十八のスキー場や温泉は、行楽シーズンになると一気に人が訪れにぎやかになる。

冒頭に書いた川端康成の小説『雪国』は、この湯沢が舞台である。一九五七年（昭和32）に封切られた映画「雪国」は、主人公の島村を池部良、駒子を岸恵子が演じている。島村が駒子に会ったのが新緑の五月、十九歳の駒子が島村の部屋にお酌に来ることによって物語は展開する。川端康成が一九三四年（昭和9）から三年間、湯沢の高半旅館に泊まり書いたもので、執筆をしたという「かすみの間」は今も残っている。

その日も湯沢駅周辺はスキーを持った若者でにぎわいっていた。まだスノーボードをやる人も少なくスキー全盛の時代だった。和泉さんは青い羽毛ジャケットに身を包み、ザックを背にしていた。伊藤は意外とさまになっていると思った。

彼女に近づくと伊藤はひげもじゃの顔で

「やー、お待ちしていました。どうぞ、どうぞ」

と大きな声で言った。

「よろしくお願いします」

和泉さんは大きな瞳を輝かせ言った。

伊藤は荷物を手早く車に乗せるとドアーを開け、二人を車内に導いた。

「今年の雪はどうですか」

「例年なみですね」

一行を乗せたランドクルーザーは、湯沢の町中に向けゆっくりと走り出した。道路に設置した融雪パイプから放射線状に水が吹き出ている。車が水溜りに入るとバシャっと音を立て水しぶきを飛び散らした。町中を抜け中里スキー場を左に見ながら松川橋を越え、魚野川沿いを土樽に向かった。土樽の集落を出た頃から、風に流され小雪が舞いはじめ、次第にフロントガラスのワイパーが忙しくなった。上越線の高架橋を過ぎ右に折れるとふたたび魚野川である。以前は土樽駅前の小さな空き地に車を止め、駅の陸橋を通らなければ土樽山荘に行けなかったが、伊藤がコンクリートの冠水橋を造ることによって、山荘まで車で容易に行けるようになった。もっとも冬は積雪量が多いために相当の用心が必要であり、融雪期の春まで同様のことがいえた。

土樽山荘に着いた翌日から、和泉さんの耐寒訓練がはじまった。

ゲレンデでは原色のスキーウエアーに身を包んだ若人が雪煙を上げ、山荘の前では子どもたちがそりをし、雪投げをして遊んでいた。岳人の多い土樽では冬でもテントを張る人の姿は見られるが、それでも山荘脇の小さな空間に黄色い夏用テントが張ってある光景は、スキーヤーの目には奇異に映ったに違いない。

新潟県側にある土樽は、冬型の気圧配置が強まると大量の雪が降りなかなか止むことはなかった。高波吾策が亡くなったときがそうだった。北風が吹き、雪が舞い、吹き溜まりができ、夜はマイナス十数度まで気温が一気に下がった。

和泉さんのテントは雪にすっぽりと被われ、まるでイヌイットの雪の家、イグルーのようである。雪に被われたテントは多少温かくなるとはいうものの、彼女はこの寒さに耐えられるのだろうか。伊藤は心配になり土樽山荘の窓ガラス越しから何回も何回もテントの様子をうかがった。そして乾燥室に下りスノーブーツに履きかえると、雪を掻き分けテントに近づき耳をかたむけた。テントの

北極点遠征メンバー（右より大谷、１人おいて伊藤、和泉さん）【Ｉ】

中から静かな寝息が聞こえてくる。意外と図太い神経の持ち主のようだと伊藤は思った。

和泉さんの耐寒訓練は六日で終わった。とりあえず合格である。そして土樽にいる間、雪上歩行、クロスカントリースキー、スノーモービルなど北極点遠征に必要な技術を学んだ。土樽での訓練が終えたといっても、すべてをクリアーしたということではない。北極は極寒の世界であり、押し寄せる雪嵐、北極熊の恐怖、音をたて襲うリード（氷の裂け目）、予想をしない事態が次々に襲うに違いない、それらを数ヶ月にわたって耐えなければ北極点は望めないのだ。

和泉雅子さんの率いる北極点遠征隊は伊藤、三人のイヌイット、テレビ朝日のディレクターの大谷映芳が報道要員として同行することになった。

そりに乗る伊藤と和泉さん　【1】

ベースキャンプの責任者は北極域のスペシャリスト五月女である。

その壮大な夢を実現するための費用は、総計約一億一千万円である。

北極点到達までの計画は、レゾリュートにベースキャンプを設け、北極点に最短距離のエルズミア島近くのワードハント島から三月三十日にスノーモービル三台で食料や装備を積んだそりを牽引し、極点までの七八〇キロを五十日で走破するというものだった。三月末という時期を選んだのは冬に比べ寒さが緩み、比較的スノーモービルで走行するのに適した時期と考えたからである。もっとも例年ならではの話である。

和泉さんは北極域での寒さや生活に慣れるために、伊藤たちより早い一月二八日に成田を飛び立った。そしてレゾリュートに着くと早々に極地訓練がはじまったのである。

リードに落ちたそり

【1】

極地訓練は、スノーモービルの操作にはじまり、テント設営など、やることは山ほどあったが、彼女は実に意欲的だった。

伊藤は本業の土樽山荘にスキー客の少なくなった一九八五年（昭和60）三月八日、和泉の後を追い日本を飛び立った。

この年の伊藤は、正月から和泉さんの耐寒訓練、極点旅行の準備、現地との連絡など多忙をきわめたが、冒険者伊藤もやはり人の親である。レゾリュートに着いてからたいへんなことに気づいた。今春小学校に入るわが娘未貴のランドセルを買ってなかったのである。

なぜ伊藤が娘のランドセルの未購入に気づいたか、それは師・吾策の教え「冒険者の最大の目的は生きて帰ること」が脳裏にあったからである。もちろんその後、家庭に連絡を取っている。

伊藤はレゾリュートに着くと天測の準備をする。植村のところでも書いたが、磁石の北が指す方向は、北極点を指しているのではなく北磁極点を指しているのである。つまり北極点を見つけるには太陽の位置と時計ということである。

勇気ある撤退

三月二三日、和泉雅子・北極遠征隊（以下、北極遠征隊）は、ワードハント島から北極点に向けて出発する。メンバーは三人のほかに、イヌイットのアムシ、ピジャミニ、オココである。

北極点に到達するには、マイナス四十度の寒さと、行く手を阻む多くの乱氷帯を越えなくてはならない。乱氷帯は北極海を流れる氷が押し合い盛り上がったもので大きなものだと高さ十メートルの氷の壁となる。植村も日大隊もこの乱氷帯に阻まれ苦しんだ。氷の間に潜んでいるリード（海氷の割れ目）には細心の注意を払わなくてはいけない。ここに落ちたらまず助からない。そして方向がわからなくなるホワイトアウト、周囲が白一色の世界になり氷の壁もリードもまったく見えなくなり、前進を完全の拒まれてしまうのである。ホワイトアウトは方向を狂わす恐ろしい現象であった。

ヤマハのスノーモービルは極寒の地にもかかわらず故障もなく順調にエンジン音を雪原に響かせていた。夜八時頃になると太陽は美しく輝き横縞ができ、やがて丸い太陽が二つに輝いて見えた、

乱氷帯を走る和泉雅子隊　【1】

実に不思議な光景だ。

この年の北極海は例年になく温暖で雪が多かった。雪は吹き溜まりとなり、乱氷帯は行く手を阻んだ。北極海の黒い海面がところどころに顔を出しはじめる。海面上に浮かぶ氷はぶつかり合い不気味な音を立て海が叫ぶのだ。連日悪条件と格闘しているにもかかわらず北極遠征隊はいっこうに前進しない。イヌイットが賢明にルートファインディング（道を探すこと）に出かけるが、よいルートが見つからない。隊員の疲労はピークに達する。いらだちは増し、ささいなことで言い争い起きるようになる。順調なときには隠れていたイヌイットとの生活習慣の違いや役割分担からくる齟齬《そご》、すべてのことがかみ合わなくなる。北極点遠征に必要不可欠なチームワークに亀裂が入りはじめた。和泉さんは悩んだ。

乱氷帯の中を行く和泉雅子隊　【1】

それでも隊は果敢に挑戦する。しかし一時間も走るとまた乱氷帯にぶつかる、取り除くと次の乱氷帯が立ちはだかる、かと思うと乱氷帯は突然崩れ落ち、海から湯気が立ち上る。そのくりかえしだ。まるで毎日が道路工事のようである。

ついにアムシの運転するスノーモービルに続いてオココのスノーモービルのキャタピラがはずれた。修理をし、ふたたび走るが今度はリードにそりが捕まった。氷の状態を確認しリードからそりを持ち上げる、ようやく氷の上にひっぱり出すが破損した部位を修理をするのに数時間かかった。伊藤も疲労困憊《こんぱい》だった。

四月二八日、気温マイナス二五度、だいぶ暖かくなってきた。急がなくては氷が溶けはじめる。ベースキャンプにいる五月女から、軽量化を計り迅速に極点をめざすため伊藤とイヌイットのピジャミニをベースキャンプに戻し、必要最低限の装備を残しスノーモービル一台とそりを回収するとの連絡が入った。

伊藤にとって五月女からの指示はショックだった。まだ動ける、判断は十分にできるという自信もあった。しかしチームで行動している以上従わなければならなかった。この隊は和泉さんが北極点を踏まなくては意味がないのだ。夢にまで見た北極点を目の前にして撤退しなくてはならない自身に、非情とは思えたがすべては隊の成功と言い聞かせた。

四月二九日、マイナス十八度、太陽を暑く感じるが吹く風は冷たく頬を打つ、北極の春の到来である。極点まで後三〇〇キロ、東京駅から新潟駅までの距離もないのだ。

五月六日、マイナス十九度、現在地北緯八七度十八分、今日で本隊とお別れである。自分を納得させるため伊藤は一人でスノーモービルに乗り雪原を三・七キロ走った。三・七キロ走ると二分になる、それに八七度十八分足し二十分とし、彼自身の北極点を八七度二十分と決めたのだった。伊藤のささやかな抵抗でありこだわりであった。

五月女とベーゼルを乗せたツイン・オッター（輸送プロペラ機）が白い平地の氷原に雪煙をあげ、機材と引き揚げ組二人を乗せるとふたたび飛び立った。

和泉さんは伊藤に敬意を表し、去りゆくツイン・オッターに向け帽子をとり、帽フレーで見送った。

五月十一日、マイナス十一度。リードは広がるばかりだ。ホワイトアウトが続き視界が開けない。

五月十八日、相変わらずホワイトアウトは続く。

五月二五日、リードは広がり氷の裂け目から白いモヤが立ちこめた。しかしこれ以上進むことは無理だった。

北極遠征隊は、北緯八八度四十分の地点で断念した。

和泉さんはこのときの心境を「私はショックだった。もう北極点に到達できない。六二日間がんばってきたのは、いったいなんのためだったんだろう。最後の最後に来て、この大リードとの出遭いでいとも簡単に〝人間の生活圏〟へ引き戻されてしまう。これでいいのか。まだ進める道があるんじゃないか」と著書の中で書いている。


午後二時、ピックアップ用の二機のツイン・オッターは、六二日間闘い続けた和泉雅子さんを乗せ飛び立った。

彼女は涙を浮かべつぶやいた。

「さようなら。北極海、さようなら、私だけの北極点」

この年、北極点に挑戦したフランス隊、イギリス隊、アメリカ隊もともに中途で撤退している。

伊藤は北極点遠征の撤退についてこう話す。

「一九八五年の北極海は気象条件が悪すぎました。北極点に行くことは恐怖と戦いながらの作業です、まずは順調に進行していかないときびしい条件下だけに、隊員にフラストレーションがたまります。苦行の連続でしだいに隊員に不満がたまり、普通にできていた意思疎通ができなくなりました。僕もどちらかというと単独行が好きなほうです。たとえば雪に阻まれたときにルートをつくらなければならい。北極では汗をかかないようにゆっくりやることが常識です。汗をかくことは体温を下がらせ死につながるからです。それを知らない人は怠けているように感じる。つまらんことで不協和音が生じるわけです」

マイナス四十度、吹き荒れるブリザードと人間の常識が通用しない気象条件の中で、隊員たちは極限に達し苦しんだことが想像される。それにしても伊藤の撤退は自身つらかったに違いない。

伊藤の冒険哲学

話は変わるが、一九八二年（昭和57）、東京・イエティ同人隊の加藤保夫は、厳冬期のエベレストに挑戦し成功するが、下山途中秒速五十メートル以上のジェットストリーム（強風）と猛吹雪、そしてマイナス五十度の悪天候に襲われ消息をたった。同時期にK２に挑戦し途中撤退したイタリアの登山家ラインハルト・メスナーはこう言う。「勇気ある撤退こそ冒険に必要なことだ。生きていればチャンスはいくらでもある」

出発から六二日、極点まで一四八キロを残した和泉雅子・北極遠征隊は勇気ある撤退だったといえる。和泉さんの英断はすばらしく、伊藤の引き際も実に男らしいといえる。

伊藤は思う、生きてさえいれば必ずチャンスは訪れると。彼の冒険哲学は、高波吾作の教えでもある。

冒険家にとって夢を実現するには多額の資金が必要である。植村直己も資金調達には苦しんだ。和泉さんの探検費用のすべては自腹であり、経験者がサポートする探検のかたちは近年ではめずらしいといえる。和泉さんは、南極で撮った写真を本にまとめ、リュックに詰め、全国を回り、頭を下げ、行商のごとく販売をお願いしている。あの銀幕のスターがである。もちろん本の売上げだけでは遠征費には程遠いに違いないが、彼女の冒険への情熱と生への躍動感を感じる。

長い冒険や探検の歴史の中で、編成隊のかたちにはいろいろあるようだ。その中でも一九一四年（大正3）に英国の探検家シャクルトンを隊長に組織した南極大陸横断隊は、おもしろいかたちをとり結末も感動的だ。

まずシャクルトンは隊員を次のように公募する。

「危険な旅、男子求む。わずかな報酬、きびしい寒さ、長い暗黒の日々、生きて帰る保障なし。成功すれば名誉と尊敬を得る」

この隊は隊長以下二八人が集まったが、南極を目前に船が氷に閉ざされ遭難、船を捨て近くの島に避難し寒さと食料不足を耐え、一年半後に全員が生還「失敗を上回る偉業」として讃えられている。生還することこそ冒険の必須条件なのである。

和泉雅子さんは隊長として任務を極限の中でみごとにやってのけた。その判断には想像を絶するものがあったに違いない。閉塞しきったきびしい環境の中で、異民族の者同士が隊を組む場合のむずかしさもあったであろう、それをバネにしていくのが和泉さんであった。

その後、彼女は北極域に魅了されたびたび行くようになる。そして一九八九年（平成元）再度北極点踏破に挑戦し極点に到達する。伊藤はこの遠征ではふたたび副隊長として参加し、ベースキャンプからサポートしている。和泉さんは北極点へ後七十キロという地点で、伊藤を呼び寄せ、本隊と合流させ伊藤とともに一九八九年（平成元）五月十日北極点に立ったのだった。和泉さんの心遣いと人への思いは、北極点をめざした者同士の深い絆で結ばれていたのである。伊藤が彼女の心遣いに温かさを感じたのはいうまでもない。ちょっとした美談である。

伊藤にとっては、二回の北極行をプラスするとちょうど全行程踏破ということになり、いかにも伊藤らしい。

伊藤は北極点に立った実感をこう言う。

北極点に立った伊藤、和泉さん（左より）　【1】

「北極点といっても山のような頂があるわけではない。白い雪原と乱氷帯が広がるだけでなんの目印も変化もない。私は北極点確認の計測に懸命で到達した実感はありませんでしたが、たしかに極点に到着したようです。実感したのは極点から引き揚げる飛行機の上でした。白い雪原に我々のつけた足跡が見えたとき、感動で目頭が熱くなりました」

伊藤が夢描いた北極行は幕を閉じた。スタート地点から北極点まで直線で七八〇キロ、乱氷帯とリードに阻まれ、スノーモービルの実走行距離は三千七百キロ、二回にわたり和泉さんや伊藤を運んだ五メートルのそりは、現在土樽山荘に保存され訪れる少年たちに夢を与えている。

和泉雅子・北極遠征隊は、地球温暖化の影響をかなり受けていたようだ。

一九六三年（昭和38）五月のアラスカの平均気温はマイナス十一・二度、二〇〇八年五月はマイナス三・四度（カナダ環境省調）、その差六・九度、この五十年の間に冬の平均気温は三〜四度上昇したという。この数字を見ただけでも温暖化は異常な速さで進んでいるといえる。温暖化は永久凍土を溶かし、凍土上の家を傾かせ、海氷は薄くやわらかくなり、生態系を狂わせ、北極圏に暮らす人々の生活を奪っていった。

先進国はこの数十年間化石燃料を頼り、暖房をし、冷房をし、町を不夜城にし、車で便利な生活を送ってきた。それは間接的に極寒に住むイヌイットなどの少数民族の生活権を奪うことを意味している。和泉さんの極点への探検は温暖化との闘いであり。今、人間が温暖化に真剣に取り組むべきだという、メッセージでもあったのである。

あれから二四年、地球環境はさらに悪化し、温暖化はさらに進み人々の生活を脅かしている。ここでは、当然北極圏の話が中心であるが、温暖化の影響は、北極圏ばかりではなく、南太平洋の島々にも多く影響している。インド洋にある珊瑚礁でできたモルディブ諸島も水没の危機にあり、その中でも南太平洋の島国ツバルは、温暖化で最初に沈む島といわれている。温暖化は作物に塩害の被害を与え、島民にとっては死活問題だ。そしてバングラディシュのサイクロン、インドネシアの地震、ケニアで広がるマラリア、どうもその誘引は温暖化にあるようだ。

高波吾策と土樽

鉈を腰に下げた高波吾策

【T】

吾策少年を魅了した苗場山

土樽に集まった多くの冒険家・探検家を伊藤周左エ門という一人の冒険家をとおして描いてきたが、土樽を伐り拓き戦後の疲弊した社会の中で、若人に山という楽しさの場を提供し、谷川岳に生涯を捧げたのはいうまでもなく高波吾策である。

「谷川岳のひげの大将」と呼ばれ、多くの岳人から愛された高波吾策とは、どのような人物であったのか、もう少し踏み込んでみたい。というのは多くの冒険家・探検家の生涯を描いているうちに、ヒマラヤや北極などの冒険・探検の多くは、グローバルな時代、高技術化の時代になし得た産物のように思えたからである。もちろん時代とともに冒険や探検の質や行動体系が変わることには異論はない。天測に変わりGPSが使用されれば、使用について議論がたたかわれるが、GPSが定着すればそれになれ、次の機器の発明時に同じような議論がされるだけで、それらを使っての冒険になんの違和感ももたなくなるはずである。

高波吾策の山岳哲学は「山を愛するはじめは、先ず山を知ることである」「山を愛するものはその山で死んではならない」である。それは伊藤や多くの冒険家・探検家に引き継がれている。

しかし、戦前・戦後の登山の黎明期、谷川連峰の多くの山道を伐り拓き、幾多の遭難救助にあたった高波吾策が、冒険家・探検家でなかったかというと少々異論がある。たとえ国内の山とはいえ、未知の山道を自ら伐り拓き、登山者の安全に寄与したという行為は、開拓者であり冒険家・探検家の範疇《はんちゅう》に入るのではないかと私は思う。高波吾策は海外遠征し、ヒマラヤなどの高名な山に登ったわけではない。しかし、吾策が若き頃信濃川をイカダで下り、未知の山に分け入り、幾度となく一の倉沢で遭難救助をしている。極寒の衝立岩に遭難者と自身をザイルで結びつけ、自己の危険を省みずに救助しているさまは、冒険でなくてなんだろうとつくづく思う。使命感だけでは決してできない行為である。

高波吾策は豪雪地帯で有名な新潟県津南町大井平の高波栄太郎、ヤスの四男として一九一一年（明治44）九月二十日に生まれた。父の実家は素封家であったようだが、栄太郎の度重なる事業の失敗で転居し、吾作は横浜に生まれ、学齢期前に母方の実家に預けられている。推測するに決して恵まれた幼少期ではなかったようである。

母方の実家も父と同じ津南町にあり、実家の庭の真向かいから苗場山の頂がそびえ立ち、日々山容を変える光景は吾策少年の心に強く焼きついたようだ。

著書『魔の山に生きる』の中で吾策は、「青空にくっきりそびえる苗場山を、朝な夕なに眺める私は、あの山頂に立ったらどんなに景色がよいだろうか。どこまで遠く見えるのだろうか、ひょっとすると両親のいる東京が見えはしまいか」と書いている。もちろん吾策少年が、遠い東京にいる両親を慕う気もちはよくわかるし、少年の小さな心を思うと胸に迫るものがある。たぶん吾策少年の心の内はせつなく、悲しく、寂しかったに違いない。それを紛らわすのが豊かな自然だった。

春のぜんまい採りにはじまり、夏のかじか採り、秋の栗拾い、冬のスキーと山野を駆け回る吾策少年の姿が目に浮かぶ。津南の自然の四季のいろどりは、吾策少年を夢中にさせ、遠く離れた両親への思慕を包み込む包容力があり、一時でも両親のことを忘れさせたに違いない。

高波吾策にとって山の力強さは父であり包容力は母であり、それが山をこよなく愛し、山に生きる道を選んだ吾策の原動力となったと思われる。

吾策少年を魅了した苗場山は、新潟県と長野県の境にある火山で、標高二一四五メートル、頂上には苗代田のような湿地帯がある。山頂からは鳥甲山《とりかぶとやま》、烏帽子岳《えぼしだけ》、岩菅山《いわすげ》から上信の山々、佐武流山《さぶりゅう》から谷川連峰、そして越後三山（八海山《はっかいさん》、中ノ岳《なかだけ》、駒が岳《こまたけ》）と連なる眺望を楽しむことができる。

湿地帯の初夏から秋までの葦のいろどりの変化は、苗場山に登る登山者の目を楽しませる。この湿地帯に生える葦のながめは、稲の苗場のように見える。そのことから苗場山と名づけられたという。苗場山が、もともとは穀倉地帯新潟の霊山として、地元の人々から五穀豊穣を願う信仰山としてあがめられていたことは他の山々と同じである。余談だが苗場スキー場の頂上が苗場山と思われがちだが、あれは筍山《たけのこ》である。

おもしろいのは苗場山にある二つの山小屋のうちの一つ、遊仙閣の管理人をやっているのが吾策の四男の高波菊男であることである。数十年前に見た父のあこがれの山を守る息子の姿も何かの縁《えにし》なのであろう。その菊男の顔が晩年の吾策に瓜二つであり、やはり山に生きている、詳細は後で述べたい。

高波吾策が初めて苗場山に登ったのは十四歳のときで、そのときの感動を以下のように回顧している。

「一歩一歩あえぎながら、汗にまみれて頂上に達したときの喜び、はるかの下界に見える村々の屋根、その間に広がる美しい田畑をながめながら、二千メートルの高山をわたる涼風を満喫して、私は山のよさをしみじみ感じたものであった。この感激が私の心に巣くって、将来の私の道を決めるようになったように思う」

このとき吾策少年は自然を満喫しながらも「ひょっとすると両親のいる東京が見えはしまいか」と、東京方面に目をやったはずである。

吾策とスキーとの出会いはその頃であるが、居候の身ではスキーを伯父にねだることはできなかった。ブナ材を製材所で平たく挽《ひ》いてもらい、小刀《こがたな》を使いスキーの先になる部分を楕円形に削り、先端を沸騰した湯につけ、ほどよく曲げた。そしてスキーの中ほどに穴を二つ空け、麻紐を通し、わら靴にしばりつけた。吾策少年は手製のスキーで楽しんだわけだが、今のカービンスキーからみれば隔世の感があるが、自らつくる喜びもあったに違いない。

日本でのスキーの歴史は、一八〇八年（文化5）に間宮林蔵が書いた『北蝦夷《えぞ》図説』の中に、スキーに似た道具をはいているというような記述があるが、スキーかどうかは定かではない。

近代スキーの源になったものは、ノルウエイの極地科学者フリチョフ・ナンセンがグリーンランドをスキーで縦断したときである。一八八八年（明治21）～一八八九年（明治22）のことであるが、この後、ヨーロッパなどの雪国では、歩く道具としてのスキーに関心をよせている。

日本へのスキー渡来は、一九一一年（明治44）オーストリアのレルヒ少佐が新潟県高田市（現上越市）でスキー講習会を行ったのが起源となっている。古い文献を見ると「スキー術」とあることから、剣術や柔術のように軍隊の雪中行軍用として、軍事目的で組織的・体系的に行ったようである。このときのスキー講習会は、レルヒ少佐が訪日する九年前の一九〇二年（明治35）、青森歩兵第五聯《れん》隊《たい》第二大隊の兵士一九九名が遭難死した、八甲田山死の彷徨と呼ばれる雪中行軍中の遭難が契機となって開催された。事件後、雪上の交通手段として軍を中心として導入しようとする機運が高まったからである。

また、一九三〇年（昭和5）に、近代スキーの父と呼ばれるオーストリアのハンネス・シュナイダーが著書と映画『スキーの脅威』をひっさげ、日本国内で実技指導をしたことが日本のスキー発展の決定的な要因といえる。今でも長野県の菅平スキー場には来日を記念して、彼の名をとったシュナイダーゲレンデがあり、シュナイダーの冠大会も行われている。

吾策少年がスキーをはじめたときは、ストックが一本から二本になった頃で、自作とはいえ自在に山野を滑走したことは、少年にとって楽しかったようだ。山野を自由に飛び回る吾策に対して、伯父や母は「山に行くときはどんな事故が起きるかもしれないから、たとえ裏山に行くにも腰の鉈《なた》を忘れてはいけない。どんなときでも焼き飯（握り飯）を忘れてはいけない」といましめている。吾策の山岳哲学「山を愛するはじめは、まず山を知ることである」「山を愛するものはその山で死んではならない」は、その頃から育まれたものであると思われる。

要は、「何ごとをするにも十分な計画を立てろ」ということなのである。

お気づきの方もあると思うが、吾策の生まれた年とレルヒ少佐が日本にスキーを伝えた年、一九一一年（明治44）は同年である。何かの縁とはいえ、吾策はスキーの申し子であり、生まれたときから山に生きる運命にあったといえる。

戦時下も持続する山への情熱

高波吾策は高田中学を出ると早稲田大学を受験するが失敗し、足尾銅山社長の自動車番になり、その間勉強をし、外交官をめざし東京外国語大学の夜間部に学んでいるが、胸を悪くしている。軽微だったので短期間で治癒しているが、胸の病は当時不治の病といわれたほどで、健康の大切さを、身をもって体験したようだ。それが、しばらく忘れていた山への気持ちに火をつけることになる。

一九三一年（昭和6）、吾策は徴兵検査を受け丙種合格になる。当時の兵役法では男子は二十歳の徴兵適齢者に対して徴兵検査を行っている。結果には、甲種、乙種、丙種、丁種、戊種とあり、丙種は身体上きわめて欠陥の多いものとある。つまり現役の兵隊になるのは不適ということである。満州事変の起きた当時の世相からして丙種合格は、高波吾策がのちに「何か人並みでないようだった」と言っているように、相当屈辱的で肩身の狭い感じを受けたと想像できる。そのときの孤独感を吾策は山に求めるようになる。

一九三四年（昭和9）、吾策は足尾銅山社長の自動車番をやめると、人の伝《つて》で中島飛行機の下請工場に就職し、わずか一年足らずで熟練工の待遇を受けている。もともと手先の器用な人であった。吾策の山への情熱は高まるばかりで、上越方面へ頻繁に出かけるようになる。巷ではその頃から学生や余裕のあるサラリーマンの間で山やスキーを楽しむ者が増えてきている。

一九三六年（昭和11）、国鉄が群馬県湯檜曽にある大穴スキー場でスキー講習会を開くとさっそく吾策は参加する。だが会場となった大穴スキー場は雪が少なく、土樽に会場が変更されることにな

スキーの指導をする高波吾策（昭和30年代）　【T】

る。高波吾策と土樽との出会いである。前にも書いたように、まだ信号所と呼ばれる時代で土樽には防雪林も何もなく広々としており、のびのびとスキーができたのである。もちろんリフトはなく自力で登るしかなかったが、このときの印象を吾策は「なんといいスキー場なのだろう」と言っている。

翌年、会場を湯沢温泉に近い岩原スキー場に変えて行われているが、すでにこのとき吾策はスキー講師として参加している。この年、中国盧溝橋《ろこうきょう》で日中両軍が衝突し日中戦争（支那事変）がはじまっている。世相を反映してか、国鉄のスキー講習会もスキー道場と名を変えている。そのとき吾策はスキーのため冬場の二ヶ月以上会社を欠勤し、もうクビだろうと「ユキデメヲヤラレタカラカエレヌ」と会社に電報を打っている。それに対して会社は「ショウチ　ダイジニシテクレ」と返電している。会社に帰ったのが上野公園に桜の花の咲く四月二日だったというからなんとも悠長な時代である。

しかし吾策の山への情熱は止まることを知らない。ついに一九四〇年（昭和15）土樽にあった六日町営林署の木炭倉庫を借りて、山小屋をつくることになる。吾策の山への情熱と創造力は、木炭倉庫を人が憩えるように食堂をつくり、ストーブ、トイレ、スキー置き場などを設置していく。もちろん営林署から許可を得るのも容易ではなかったが、時節柄青少年の鍛錬の場としてのスキー場ということで説得している。まさに吾策の創造力と開拓者魂がなせる業《わざ》であった。

そして年が明けた正月初めての客を迎える。この年雪不足も味方し、標高約七〇〇メートルで積雪量の多い土樽には多くのスキー客が足を運び、吾策の用意したうさぎ汁、ゆであずき、カレーライスは飛ぶように売れていった。吾策が結婚したのはこの頃で、嫁、吾策の母などを総動員しての山小屋経営だった。

そして信号所では不便だと国鉄に請願書を出し、正式に土樽駅として発足したのは、その年の一月十日であるが、まさにスキー客のための駅であったといえる。

しかし国内情勢は悪化し戦時体制に入ると、スキーや山登りどころではなくなってしまった。そこでアイディアマンの吾策が考えたのが、土樽練成道場である。つまり戦時工場への徴用や召集が多くなる時代、徴用工を集め心身を鍛えるための山小屋をつくろうと考えたのである。

一九四一年（昭和16）十一月、土樽練成道場が誕生する。土樽山荘の前身である。日本が真珠湾攻撃し太平洋戦争に突入すると、練成道場も国旗掲揚、皇居遥拝、戦没将兵の黙祷などをし、戦時色に染まっていった。一九四二年（昭和17）日本がミッドウエイ海戦で破れると戦局は一気に悪くなり、土樽に一般のスキー客が姿を見せなくなる。それに変わったのが雪中訓練に訪れた白装束の軍隊であった。それも一時で、戦況はさらに悪くなり、一九四三年（昭和18）の冬はまったくスキー客が来なくなった。スキーをすることが非国民のように見られた時代である。その後、吾策は国鉄保線区営林士として終戦までの間糊口をつないでいる。

戦争という悪夢は三百二十万人もの戦没者を出し終結したが、国民の体や心に残した傷はとうてい一気呵成《かせい》に癒されるもではなかった。しかし誰に気兼ねをすることもなく、自然の山野で人生を謳歌できる時代が訪れたのである。吾策は国鉄をやめ、スキーと山に生きる決心をし、山小屋再開の準備をはじめるが食糧難の時代である、配給米は薄くのばし芋を入れ、魚野川で魚をとり、山野で山菜をつむ、それでも土樽山荘が再開されると思うと準備に力が入った。

一九四七年（昭和22）夏頃から登山者がふたたび谷川連峰にもどるようになり、冬になるとスキー客も土樽に訪れ、吾策は登山者への案内やスキー指導に力が入るようになる。

冬山登山研修会（昭和30年頃。２列目ハチマキが高波吾策）【Ｔ】

吾策が教えたスキー選手の中には、一九五八年（昭和33）オーストリアのハドガスタインで開催された世界選手権で十三位、スイスのモンタナ国際競技大会で三位となった大穴スキー場出身の園部勝などがいる。のちに園部は苗場スキー場でプロスキースクールを開き後進の指導をしている。私も園部の指導を受けた一人である。

登山者が増加するのと比例して遭難者も増えていった、吾策の戦後初めての遭難救助は、一九四六年（昭和21）秋のことで、明大山岳部のメンバーが一の倉沢に入り、二ノ沢から県境の稜線に出ようとして力尽きたというものだった。

高波吾策の山への情熱は、登山やスキー技術の指導だけでなく、一九四二年（昭和17）の蓬峠への山道の整備にはじまり、一九五三年（昭和28）、谷川縦走のほぼ中央にあたる万太郎山と土樽を結ぶ九キロを伐り拓き、その秋には茂倉山への登山道・茂倉新道、一九五五年（昭和30）には、毛渡沢出会いから千ノ倉沢を登り平標山に登る約十キロの山道を伐り拓くなど、越後側からの谷川岳登山道の多くは吾策によって開発または整備されている。

戦争という困難な時代をはさみ、谷川岳をこよなく愛し、人生の大半を山に捧げた高波吾策の人生を考えると、谷川岳においての氏のパイオニアとしての功績はあまりに大きい。やはり私は彼の人生も冒険に思えるのだが、いけないだろうか。

父の道を歩む高波菊男

さてその吾策の容貌に瓜二つなのが、吾策の四男の高波菊男である。一九四八年（昭和23）生まれの彼は、日大の農獣医学部に入るが吹き荒れる大学紛争の中で、生きる価値観を見出すことができず故郷の土樽に戻っている。彼を山間の土樽に戻したのは、父・吾策の存在である。知らぬうちに父の生きざまの薫陶《くんとう》を受けたのであろう。そして父と同じように、自然が菊男を山に呼んだのである。

高波菊男は一九七七年（昭和52）に、国土計画の所有する苗場山の小屋・遊仙閣の管理人になっ

遭難者の救助（右から２人目が高波菊男）

ている。そのときのことを「これで念願の山小屋がもて山へのロマンが実現した」と述懐している。そして冬は土樽でスキー教え、まさに吾策の歩んだ道そのものである。

苗場山にいるときの喜びは、大きな大自然という包容力に包まれ、多くの登山者と出会うことであり、地位も学歴も関係なくすべての人々と平等に話ができることだと言う。

苗場山での五本の登山道を毎年整備し、高山植物を保護し、安全登山を指導する。そして遭難があればすぐに救助にかけつける。吾策の歩いてきた道によく似ている。冒険家のようなはでさはないが、山や登山者に愛情を捧げる姿は美しい。

我々が登山するとき気づきはしないが、山を守り、安全に登山できるよう努力している人々がいることを忘れてはいけない。

二〇〇八年（平成20）から登山者の減少で遊仙閣は閉じられ、菊男は三一年間守った苗場山を下りることになる。菊男は「苗場山に惚れていた」と言う。かつて吾策少年が父を思い、母を思い、ながめた山である。遊仙閣を閉めることは断腸の思いがあると思うが、二〇〇九年（平成21）の夏からは、かつて伊藤が小屋の管理人をつとめ、自身もいたことのある蓬峠の小屋の管理人になることが決まっている。

こよなく山を愛し、山に人生を捧げる高波菊男にエールを送りたい。

山に生きる

土樽周辺の山間

少年のような夢想家

「なぜ人は山に登るのか、そこに山があるから」と言ったのはマルローである。

なぜ人は冒険をするのか、伊藤は酒を飲むと、「あー、どこかに旅をしたい、その旅はちょっぴり冒険のまねごとができればいい。そして気のあった仲間がいればなおいい」と軽く言う。

そして具体的な計画がないにもかかわらず、伊藤は「南極点まで行くぞ、北極点までいくぞ、アフリカに行くぞ」と言葉を添える。もちろん大半はホラと夢想だが、周囲は黙っておかない。「それはいつですか、どこですか」と訊かれると、伊藤は次第に追い詰められている自分に気づくのだそうだ。「臆病だからそうする」と言うが、やはりやらなくてはいけない状況に追い込むことは何事にも必要なのかもしれない。そうなると結構計画犯である。後述するが植村直己も同じような傾向にあったようである。私も似たようなところがある。たとえば、今年は〇〇の写真展をやるぞ、などと言いふらす。手持ちの作品がないにもかかわらずにである。そうなると作品つくりのために奔走することになる。

多田は夢を追いかけた。伊藤や植村が東京祖師谷にある多田の家を訪ねると、五右衛門風呂から金属の部分をたたく音が聞こえてきた。カーン、カーン、そして水のバシャ、バシャとはねる音、風呂場をのぞくと多田が目をつむり風呂をたたき、水音をたてている。多田の脳裏には紺碧の空の下、大海原に航海するオケラ号が映っている。多田は貧しくとも、擬音を奏でることで、風呂の中で航海を思い描き風の音を聞くことができる。これはすばらしい夢想だし、それができる人間は幸せだ。

どうも冒険家とは夢想家であり、子どものようなロマンを持ち続け生きているようだ。

私と土樽山荘で初めて会ったときの伊藤もそうだった。しきりに北極の話をし、行くあてのない冒険に夢をはせていた。もちろん私が伊藤の言葉を額面どおり聞いていたわけではない。それどころか、「三十半ばになって吾策の弟子になってこれからどうするのだろう」と分別じみたことを思っていたのだ。そこが凡人と冒険家との違いなのだろう。しかし、考えてみれば三十代では人生これからである。

冒険家はどうも、ホラを吹くことを楽しみ、追い詰められることによって行動を起こす節があるようだ。植村は「たしかに僕は人一倍、臆病だ。だから、僕は冒険をやってこられた」と言っている。臆病だから追いつめないと行動に移れない、それも真理かもしれない。そして植村は登山から局地へと縦横無尽に世界を駆けめぐった。

山をこよなく愛し、酒を飲み、歌い、スキーで宙返りをし、用心深かった高波吾作によく似ている。今思い返せば吾策の言っていたことも夢のあるホラだったように思える。

高波吾策氏の宙返り

多田は「働いたら、思いきり遊ぶこと、それがモットーだ」と言っている。ヨットを操り、絵画を描き、恋をしては失恋をし、世界ヨットレースで優勝すると「グリコのおまけ」とさらりと言ってのける、冒険家は皆少年のような心をもっている。

伊藤は、多田のことを「青春へのノスタルジャー」を心の奥からかきたてる、「さやかな海の香り」だと言い、植村のことを「生きるきびしさと勇気とロマンをかき立てる仲間」と言っている。

多田、植村の冒険と伊藤の冒険とはどこが違っていたのだろうか。そのことを伊藤はこう言う。

「冒険家の末路は悲劇です。植村の死も多田の死も失礼ですが先を急ぎすぎたからではないか。だから自然との闘いに負けたのではないか、とふと思うことがある」

伊藤は生きて帰ることが冒険の最終目標と言い、経験したことのすべてを待っている人たちに伝える義務があると考える。それは吾策の言っていた「山は工夫して登るもの」という安全登山の概念に基づいている。

そしてさらに言う。

「私の行動的体験の指標は、定まった探検とか冒険とかという常識からはずれようとする行為であると思っている。その発想は当然独創的で個人的なものであり、個人的な企画が生まれるのは歴史的な必然であるとも考える。氷と空、砂と空の空間に自分をおく、これこそ男のロマンでないだろうか。そして、そこに哲学があり、かけがえのない魂の遺産があるような気がする」

「私はときどきふと思うことがある。いやなことにぶつかったとき、なぜ我々は、できるだけ遠い未知の国へ飄然《ひょうぜん》と旅立ちたくなるのだろうか。また、がむしゃらに山に登ったとき、あてなく漂白の旅から帰ったとき、なぜなんともいえぬ満足感に浸るのだろうか。それは最新世紀以来、日本民族には、北アジア、東アジア、東南アジア、ポリネシアなどから渡来してきた血が混じっていると、その道の学者はとく、察すれば黒潮に乗って北上してきた海洋民族と、シナ大陸から南下した騎馬民族との混血の大和民族が数万年前から魚をとり、野獣を追って、冒険と探検を繰り返しながら日本列島に住み着いたと考えられる。何千キロも冒険してきた我々の祖先が、本州の最北端の下北の地まで来て定住し、獲物の多い北海道にも行っただろうし、近年わが下北人は、現に私の祖父の代まで遠く樺太《からふと》、国後《くなしり》、択捉島《えとろふ》まで開拓し、新しい魚場の発見や探検旅行の旅をしてきた。その先祖の血が、私の体内に音をたてるようにたぎっている」

伊藤はすでに紹介したが青森県の出身である。

土樽スキー場が閉鎖された二〇〇五年（平成17）の十二月下旬、私は伊藤に電話を入れた。

「伊藤さん、そちらに行きたいのですがどうでしょう」

「長さんだめだよ、毎日雪かきでへとへとだよ。地球がおかしくなったね。今客も三人しかいない。客をどのように脱出させようか、考えているところです」

一月に入りまた電話を入れた。

「どうですか、土樽は入れそうですか」

「長さん、今土樽は五メートル以上の積雪で、完全に陸の孤島となりました。今日はヘリが物資を運んで来ることになっています。土樽駅に上越線も止まらないし、道も中里から先は通れませんので、一月、二月の客はすべて湯沢に回ってもらいました。私も女房も佐々木くん（板前）も毎日雪かきでばてています」

この年は四三年ぶりの豪雪で新潟県津南町は完全孤立、土樽も同様の状況であった。気象庁では、一九八三年（昭和38）の豪雪以来、四三年ぶりに襲った豪雪を「平成十八年豪雪」と名づけた。

私が土樽にやっと足を運ぶことができたのは二月下旬のことであったが、まるで立山黒部アルペンルートの雪壁のような光景に驚いた。

その日、土樽ではジャズ愛好者のパーティがあり、雪景色を見ながら音楽を聴く幸せに私はありついた。土樽でジャズ、不思議に思う人がいるかもしれないが、これが実にいい、雪山に流れるジャズを肴《さかな》に新潟の酒を飲む、まさに至福のときである。

ここ数年土樽には音楽や演劇を楽しむパーティが訪れ、泊り込みで練習をする光景が見られる。スキーと登山が斜陽化した土樽山荘の生き延びる策でもあるが、冒険・探検、スキーといった文化にかわり、音楽などの新しい創造の場になることは、かたちこそ違うが、脈絡は通じているように感じる。

若者を世界にいざなう

その後も私は、忙しい時間の合間をぬって伊藤を何度も訪ねいくつかの質問をした。

「伊藤さんとお会いしてから四十年が経過しました。若い頃山荘の北極と呼ばれる部屋・飯士山で夢を語りましたが、伊藤さんの場合そのほとんどは実現したと思うのですが、どうでしょう」

「覚えていますよ、鮮明に。あの頃金はないが夢があった。長さん冒険はきりがないものですよ。まだやりたいことは山ほどある、アメリカ大陸やアフリカ大陸の縦断など、それはつきません」

「アフリカは最後に残された未開地といわれるように、探検をしたいのはわかるのですが、なぜアメリカなのですか」

「それは戦争が尾を引いているのですよ、あの巨大な国に敗れ日本人は一時誇りを失いました。その巨大なアメリカを征服したいのです。徒歩でも車でもかまいません」

あの頃の少年が皆そうであったように、伊藤も軍国少年だった。終戦時十二歳、日本の敗戦は悔しかったに違いない。

「私も伊藤さんも吾策さんから教えを受けたわけですが、吾策さんの人生も壮烈だったと思うのですが……」

「吾策さんは人生を奔放に生きた人です、うらやましい限りです。私が吾策さんに弟子入りしたのは人間としての魅力です。私がともにしたのはわずかな時間ですが、その間、人に恨まれたり、悪口を言われたことのない人でした。人として完成していたのだと思います」

「そうですね、私も吾策さんのよさは自身の人生経験が深まるにつれ感じます」

「やはり、すごい人ですよ」

「多田さんとは私も何回も会っているのですが、なぜ彼は自らシドニーで命を絶ったのでしょうか」

「長い間一人でいると精神的にまいってしまうものです。あのレース用に多田さんはヨットを自ら設計したのですが失敗でした。航海上で何回も転覆しました。それでシドニーについた頃には心身ともに疲弊《ひへい》してしまいました。死ぬ前日に私に電話がありましたよ、疲れた声で『俺は死ぬよ』と一言言ったのです。もちろん止めましたよ、しかし遠方からの電話です、どうにもなりませんよ、それで私は五月女さんにすぐに連絡しました。そして五月女さんと多田さんの弟子の白石さんがシドニーに飛びました。今、白石康次郎は多田の遺志を継ぎ世界のヨットレースで活躍しています」

「実をいうと多田さんの自殺は私にとってもたいへんショックでした。そんな素振りを見せない人でしたから…」

「人間わからんものですよ」

「一九六二年に堀江謙一さんが太平洋を小型ヨットで横断しました。正規の手続きをせず密出航の

多田雄幸の遺志を継ぐ白井康次郎（左）　【1】

かたちでした。そのときヨットマンとしては先輩の鹿島郁夫も計画をしていましたが、許可を取れず、密出航の堀江さんが結果的には栄光を勝ち取りました。『二十代の非常識が三十代の常識を飛び越えていった』と言われました。成功すればなんでもありのように私は感じたのですが、伊藤さんはどう思いますか」

「科学者も冒険家も似たようなものです。従来の常識という殻を破らないと新しいものは生まれない、ということだと思います。今の時代はある種の閉塞状態です。若い人には常識を破るような覇気が欲しいですね」

「ところで植村さんのことですが、あのときマッキンリーに行く必要があったのでしょうか」

「植村さんの胸中は本人自身でないとわかりませんが、厳冬期の単独マッキンリー登攀は彼の計画の中にあったと思います。それがフォークランド戦争でアルゼンチン軍の協力が得られない失意のときに挑戦しなければならないかどうかはわかりません。しかし、動かないといられない植村がいたことは事実です。動かないといられないことは冒険家の宿命ですね」

「植村さんは五大陸最高峰を制覇した後、こんなことを言っています。『山登りにおける自分の実力がわかった。限界がわかった。五大陸をやった後、ピークハントは先が見えていた、だから水平志向になった』ということは、必要がなかったのではないでしょうか。そしてさらにこう言います。『なにをやるのにも絶対条件がある。チームでも単独でも、生きて還らなければいけないということです。いかにきびしくても生きて還るという条件のもとでやることを、強く感じる』」

「植村さんの中で何かが起こったことはたしかですが、それ以上はわかりません」

「しかし残されたものは悲しいですよね。植村公子さんは『あの人と進んでいくことはつらかったけれど……、残されたほうはもっとつらいのよ』と言っています」

「それはつらいとおもいます。それにしても植村さんの遭難は残念です。私も土樽でもう一度植村さんに会いたかったですね」

「エベレストで消えた加藤保男さんも一九八〇年（昭和55）の北極クラブの名簿に名前をつらねています。加藤さんは高校卒業後、日大に入りますが、大学の山岳部でなく兄の滝夫さん、今、フランスのシャモニーで山岳ガイドをやっていますが、その兄の教えを受けクライマーになっています。そのへんはどう思いますか」

「加藤保男が当時の大学山岳部に入ったらアイガー北壁に登ることももっと後になったでしょう。当時の大学の上下関係のきびしさは植村さんからも聞いています。兄に従い登攀技術を本格的に学んだのが彼にとってよかったと思います。アイガー北壁登頂の後、加藤保男、今井通子が吾策さんにあいさつに来ましたよ」

「あ、そうですか、それは知らなかった」

「加藤さんは子どもの頃よく土樽にスキーに来ていたようです」

「そうですか。私は加藤さんと三つ峠の岩場であったことがあります。ヘルメットにＪＥＣＣ（ジャパン・エキスパート・クライミング・クラブ）と書いてあったのを記憶しています。当時大学の山岳部が幅をきかせていた時代ですから奇異に映りました」

「加藤保男の厳冬期エベレストはどう思いますか。同時期にラインホルト・メスナー（一九八六年、人類史上初の八千メートル峰全十四座完全登頂）がＫ２にいて撤退していますが」

「メスナーが言うように生きていればチャンスはまた到来します。勇気ある撤退は冒険者にとって必要です。そうすれば加藤も青少年に多くの夢を与えることができました」

「ＧＰＳ、空からの補給など今の冒険は冒険といえるのでしょうか」

「それはむずかしい質問です。北極点初到達のピアリー、南極点初到達のアムンゼンの時代はすべてを自分たちでまかなった、それは冒険の原点ですが、それはもうできないでしょう。今の冒険のよさは誰でもやれるということですよ。しょせん、冒険は遊びです、そうでないと苦しい、時代は変わったのです」

「植村さんは生きていれば南極という夢を実現できたでしょうか」

「植村さんのことですからやりますよ、きっと。その質問をされるたびに心が痛くなります」

「それにしてもあまりに多くのアルピニストが山で亡くなっています。最強のヒマラヤリストと呼ばれた山田昇は、八千メートル峰十四座に挑戦し十座で命を落としました。一匹狼といわれた森田勝はグランドジョラスに破れ、加藤保男はエベレストに消えました、植村直己はマッキンリーから還りませんでした、小西政継は一九七一年（昭和46）、植村と欧州三大北壁の一つグランドジョラスに登り凍傷で足の指すべてを切断しましたが、一九九六年（平成8）にはマナスル（八一六三メートル）の登頂に成功し、その帰路七千八百メートルでビバークした後消息をたっています。

長谷川恒夫は雪崩に巻き込まれました。皆超一流と言われた人たちです。一流の登山家が周到な計画をし、きびしい訓練を行っても山は人を拒絶する。しかも豊富な経験をもっている人たちが最大限の英知を振り絞ってもおよばない自然がある、彼らの人生はある意味で修験道者にように見えます。またアルピニストの運命は決められていたようにも感じます」

「私も多くの身の危険を感じる世界に身を置きました。今までの私の行動を考えれば、今、生きていることが不思議です。運のよさを思わずにはいられません。しかし、我々冒険家が選んだ道は、安全が保証されている日常生活では体験のできないものです。『死』と直面した世界、あるいは『運命』に直面した世界だからこそ魅かれますし、生きている実感をもつのです」

「アイガー北壁を直登し世界の山岳会を驚かせた加藤滝夫は、山で死ぬことを『僕は誰が死んでもやっぱりね、という感想しかありません。ザイルを使って山登りをやっている限り、死は背中合わせにくっついているものです。登山家の死に、まさか、はない。あの人に限ってまさか、というほどの登山家が世界に果たしているでしょうか』と言っています」

「それが本当のところです。土樽にいて遭難は何回も見てきました、中にはヒマラヤを経験したアルピニストもいました。そう思うのが当然でしょう」

「そうですか、しかし植村さんの影響は実に大きいですね」

「植村さんの北極圏一万二千二百キロ単独犬ぞり行は本物ですね。彼の本や映画を観て影響を受けた若き冒険家はたくさんいます」

「その中でも登山家の野口健はおもしろいですね。彼は中学生のときに上温湯隆《かみおんゆたかし》の『サハラに死す』に興味をもっています。上温湯の冒険については、伊藤さんとお会いした当時話したことがあります」

「覚えています。一九七二年（昭和47）五月にサハラ砂漠でラクダが死に本人は渇死しています。あの上温湯のことですね」

「そうです。そして野口は本多勝一の『カナダ・エスキモー』『アラビア遊牧民』を読み、いきついたのが植村の『青春を山にかけて』です。野口はまだ若い登山家ですから、植村が教科書に出ていたのをうっすらと覚えていたんですね。本を読んだ感想を野口はこう言っています。『まず植村さんの生き方がきらきらしているのに感動をした。僕が植村さんに惹かれたのは、彼が素朴だったからだ』、と」

「同感です」

植村直己杯に参加した人たち【1】
（前列左より５人目が伊藤、そのうしろが公子さん）

「多様化し生きる目的を探しにくい今の世の中にあって、植村の本は、放浪の旅をしながら、自分の生き方を探している、だから若者の心を打つんですね。素朴で損得勘定のない生き方に惚れるのは当然です。わかる気がします。植村は今も若者を冒険の世界にいざなうのですね」

「そうです、やはり植村がすごいですよ」

「しかし冒険家の遺志が引き継がれていることはいいことですね。たとえば土樽には植村直己杯がある」

「ハハハ、それは遊びのようなものですよ。毎年三月にきみちゃんを招いてスキーのレースをやり植村を偲ぶというものです」

「きみちゃんとは、植村さんのおくさんの植村公子さんのことですね」

「そうです」

白石の船艇には「スピリット・オブ・ユウコウ」（雄幸の魂）【1】と書かれてある

「多田さんの遺志は、二〇〇三年（平成15）のアラウンド・アローン（単独無寄港世界一周ヨットレース）で四位になったヨットマンの白石康次郎に引き継がれ、長谷川恒夫の遺志は、アドベンチャーレースの長谷川恒夫カップに引き継がれています。それに植村直己賞もあります。北極クラブも同様な役目をもっていますね」

「北極クラブは今も冒険家に極地のことなどを提供し、情報基地の役目をしています」

「関野吉晴《せきのよしはる》の冒険は夢を与えますね」

「グレートジャーニー、あれはすごいですな。我々が求めていた夢探しの冒険というか、人間の起源を追い求める、探検らしい探検です。それに関野吉晴が医師だというのがいい」

「最近高齢者の冒険も多いですね。堀江謙一も続けています、二〇〇四年に植村直己冒険賞をもらった渡邉玉枝は五十歳から六三歳までに、エベレスト、ローツェなど八千メートル峰五座に登っています。最近の話では三浦雄一郎の七五歳エベレスト登頂は驚きでした。伊藤さんと同郷ですね」

「そうです」

「私も三浦雄一郎と一緒にスキーをやったことがあるんです。私が苗場スキー場でパトロールやっていたときに、プロスキーヤーのイベントがあった、そのとき三浦さんは足を骨折していたのですが、ギブスを付け片足で滑っていました。何しろうまかったですね。ほかにも元オリンピック選手だとか、有名スキーヤーが多くいましたが三浦は輝いていた。三浦さんの冒険の発想がおもしろい。富士山直滑降、エベレスト直滑降、一番印象的なのは一九六四年にイタリアであったキロメータランセ（世界スピードスキー選手権）でした。三浦は一七二キロの世界記録を出すのですが転倒する。あのスピードで転倒したら命が危ない、ですがしばらくして三浦は立ち上がる、それも無傷で、そのときのアナウンサーは、『三浦は生きていた、三浦は生きていた！』と絶叫するのです、私はあのときは感動しました。冒険家の仕事は感動と夢を与えることと実感しました。その苗場にいたときに全日本キロメータランセのコース作りをしたことがあるんですが、あの斜面はすごいですね。まさに谷底に落ちるようです。私の目の前で転倒した選手がいました。ゴーと音をたて滑り落ちたかと思うとフワッと体が宙に浮き、まるで棒切れが転がるように落ちていきました。何しろ時速一〇〇キロ以上のスピードでの転倒ですから、伊藤さんももう一度大きな冒険をどうですか」

伊藤から自然の雄大さマナーを学ぶ子どもたち　【1】

「そうなんですが、冒険家の仕事は冒険をすることだけではありません。私は今までの体験を土樽の恵まれた自然の中で伝えるために、子どもたちを対象に冒険学校を開いています。植村が言っていた自分の夢を託す教育の場としてです。子どもたちが自然と一体になり自然の中で自分を見出すこと、そして夢を見つけることができれば理想です。それは私が子どもの頃経験した野外キャンプの原体験が今をつくっていることからきています。その体験を一人でも多くの子どもたちに味合わせたい。探検は金のためでも名誉のためでもありません、自分の夢を託す場なのですから」

「まさに伊藤さんの言うとおりだと思います。私の中学の後輩で大山光一さんというアルピニストがいます。彼はサラリーマンですが、若い

チョモランマ頂上での大山光一さん　【O】

頃から日本や世界の山を登り、結婚を堺に山から遠ざかっていましたが、五十歳を機に七大陸最高峰制覇を含めた「登山十年計画」をつくり、二〇〇七年（平成19）五月にチョモランマ（エベレスト）に五八歳で登頂しています。そのとき持参したのが母校の中学生たちの書いた寄せ書きでした。頂上の記念写真には大山さんと生徒の寄せ書きのある旗がともに写っている。生徒たちはある種の疑似体験をしたわけですから。相当にうれしかったと思います。これは冒険がお金や名誉のためではなく子どもたちに夢を与えることを意味しています。大山さんはこんなことを言っています。登山は自分のためにやる、自分は一人、失敗すればそれをまたバネにすればよい、それが人を成長させていく、だから体験の必要さを今の子どもたちに伝えたい。彼のすごさは単独で山に行くということです。入山手続きからシェルパの契約まで、すべてを自分でこなし、シェルパを含めたった三人の登山隊で登頂している。もちろんスポンサーも組織的な支援もない中で、自然を見極め挑戦する。大登山隊のようにごみもCO2の排出量も少なく環境にもいいわけです。実にみごとです。大山さんは無酸素登山にはこだわらない、安全にいかに登るかを見極めることが大切だと言っています。それは、吾策さんの言う山岳哲学に通じるところがあります。今、彼は各地の小学校や中学校で講演活動をしています。子どもたちに夢を与えるために」

鈍行列車の車窓から

「伊藤さんは最近の地球温暖化のことで心配があると聞いていますが」

「心配ですね。このところの地球温暖化の影響で、極地探検ができなくなるのではないかと心配しています。北極海の海氷は人工衛生による観測の結果、昨年は観測史上最小になっています」

「海氷が少ないということは、温暖化で溶けているということですね」

「そのとおりです。局地は地球規模の環境変化に実に敏感です。まるで地球の状態を把握するセンサーのようなものです」

「北極圏ではこのところの気温の上昇で永久凍土が溶け家が傾くところが出ていますね」

「生活をする人たちにとっては死活問題です」

「ロシアのヤフーツクという場所があります。そこの気象台の観測では平均気温が百年間で二・五度上がっているそうです。世界の平均は〇・六度の上昇ですが、これは異常です」

「南極と北極の環境変化は、地球システムを知るうえで重要です。両極で何が起きているのかを知ることによって地球そのものの状態を知ることができます。北極は地球のてっぺんにあり、海を中心に大陸が囲むかたちになっています。南極は大陸の上を氷が覆っています。そこが違うところで、北極は大気の流れが複雑になり、北半球の中緯度にも影響をおよぼします。北極の気候変動が今年の日本の大雪や欧州の寒波となり人々の生活に影響をおよぼしたとも考えられます」

「伊藤さんのハンググライダーでの極地探検は、北極は大気の流れが複雑なことで断念したのですね」

「そのとおりです」

「北極がセンサーの役目をしているという話がよくわかりました」

「地球温暖化は北極圏に住む人々や、冒険家にとって悲しいことですし、地球規模で考えなくてはいけない問題です。二〇〇七年~〇八年は国際極年で、本格的に北極の研究がはじまりました」

「伊藤さん、一番大切なことは、やはり環境を守るということですね。そういった意味では登山家の野口健は登るだけでなくエベレストなどの山の清掃活動をしています」

「我々も谷川岳の清掃は毎年やっています。アルピニストが自ら清掃活動をすることは今までにはなかったことです。何しろ神が与えた自然という財産を守ることが必要です」


土樽のもっとも美しい季節は、雪が消え桜の花が咲き始める五月の連休頃からである。私はこの季節になると関越道湯沢インターを下り土樽に向かう。魚野川の清流は雪解けで水量が増し音をたて流れ、土樽部落から新緑の芽吹く山林の中を走ると毛渡橋に出る。平標山、千ノ倉山から流れ落ちる水は、毛渡橋上部の砂防ダムから滝となって豪快に落ちる。橋を右に折れ少し行くと土樽から湯沢に行く上越線の高架橋に出会う。山道脇に何本かの桜の花が咲き、その間から見ることができる上越線の列車の通過する光景はまさに絶景である。


土樽に入る道に「無断立ち入り禁止」の看板があるのに気がついた。以前から山菜採りのマナーがひどくなっていると聞いたのでその対策であろうと、土樽に着くと伊藤に聞いてみた。

「山菜とりのマナーはそんなにひどいのですか」

「実情はひどいものがあります。車で入ってきて根こそぎ採っていきます。我々は自然の営みを考えて、翌年も同じように山菜が育つことを考えますが、根こそぎやられると全滅してしまいます。

生態系を守り自然と共存する事が必要なのです」

「根こそぎというのはひどいですね」

「ふき、わらび、ゼンマイ、こごめ、土樽に来ると山菜の楽しみがあります。お客さんはそれを楽しみに来るわけです。山荘の下にある平地に数年前から綱をはりました。あそこは私有地なのですが、そこにも入ってきます。ひどいのになると白樺やツツジ、高山植物などを掘り起こす者もいます。たしかに山菜は天然のもの、昔は自由に採れたというかもしれませんが、それは神の摂理にしたがってきたからなのです。そしてもっとも怖いのが山火事です」

「土樽部落などでは山菜も大きな副収入になっていたと思うのですが」

「もちろん昔からそうです。前に地球温暖化の話をしましたが、人間がこのかけがいのない地球の自然という恵みを享受するには、まずは一人一人が襟をたださないと、地球は滅びてしまいます。山菜採りのマナーもそのいい例でしょう」

極寒の地北極から酷暑の地サハラなどの自然を体感してきた、伊藤ならではの貴重な言葉である。


今我々地球人は、地球環境のことを真剣に考えなければいけない最後の段階にきている。そのことを一人ひとりが肝に銘じなければいけないと私は強く感じている。

私は最近、土樽に行くのを昔のように鈍行列車を利用している。私の最寄駅、熊谷から上越線に乗り、高崎、水上を乗り継ぎ土樽に着くことができる。その間の車窓を飛び交う風景や迫りくる谷川岳の光景は昔と同じように心が躍る、そして乗り降りする人々を眺めるのが実に楽しい。時間はかかるが楽しみが増え、地球環境によいこともわかった。ちょとした工夫で地球環境は守れるはずである。

二〇〇八年（平成20）十二月下旬、私は冠雪した谷川岳を見ながら土樽に入った。ちょうどこの本のゲラが出たところで、伊藤に何点か確認したかったからである。例年なら魚野川から見る茂倉岳一帯も美しい雪景色に染まるのだが、雪が遅く周辺の光景は晩秋のままだった。

十二月中旬に妻・良子を亡くした伊藤の落胆ぶりは、私の知っている冒険家の顔ではなかった。伊藤と妻の良子は一九七六年（昭和51）に多くの仲間に祝福され結婚をしている。出会いは、アフリカ探検のときの借金が縁であることは前にも書いたとおりである。

伊藤が経営する土樽山荘にとってかけがいのない存在だった良子は、伊藤が冒険中、女手一つで山荘を切り盛りし、夫の無事を祈り、子どもたちの成長を育んだ。その労苦と心境は手に取るようにわかる。たぶん良子は「もし、あの人が……」と何回も思ったに違いない。いつだったか私は良子に伊藤の冒険についての妻の心境を訊いたことがある。すると「まったく、もう」と言葉少なに返答をしたのを記憶している。心の底では、もうやめて欲しいと願っていたに違いない。

良子はもともと自然が好きでそれが縁で土樽にも来るようになるのだが、学生時代から立山のユースホステルで手伝いをしたり、霧が峰に小屋をつくり友人二人と経営をしている。

北極点遠征のとき伊藤はすでに二人の子持ちであり、良子のみならず周囲も反対している。それを押しきって行った伊藤は家族のため、できる限り自宅に電話を入れ、子どもの学校での様子や子育てについての話をしている。伊藤が帰って来ると子どもたちは抱きついて喜び、良子も満面の笑みを浮かべ迎えた。それは夫への「留守中は家を守り、子どもを守った」という報告でもあった。

私のいくつかの質問が終わると伊藤は寂しそうに「これを出さなくてはね」と机上の喪中用手紙を指さした。

年が明けると伊藤の元に多くの便りが届いた。

「悲報に心痛む思い出ございます。まだ、お若い良子様の永眠は驚きでまだ信じられませんが、ご冥福をお祈り申し上げます。お二人のなり染め、新婚時代、子育て時期、山荘を継ぎ、お二人で経営に努力された頃が走馬灯のように思い出されます」

便りには、山荘経営や冒険教室での内助の功を読み取ることができる。

土樽を伊藤とともにこよなく愛し、冒険家をかげから支えた妻・良子は享年六二歳であった。

あとがき

二〇〇五年（平成17）夏、土樽スキー場が閉鎖されると聞いて私はあわてた。それはまるで青春時代の思い出を奪われるような衝撃的な出来事だった。土樽スキー場の真下に関越自動車ができたときも、周囲を山に囲まれた静寂な山間の山岳基地を奪われるような気がし、もう、土樽は駄目だと思ったのを記憶している。まだ完成してない関越道路上を伊藤とスノーモービルで走ったのを覚えている。そのとき運転をしていた伊藤の目には涙があったのかもしれないが、いまだにたしかめないでいる。

その後、何回か土樽に行った、夜になるとゴーという不気味な音が鳴り響き眠れなかった。土樽は、関越道路を使うなら湯沢に出て戻らなければならないし、上越線を使うなら水上で一日何本もない鈍行（普通列車）に乗り換えなくてはならない辺鄙なところであるが、その辺鄙さが今でも私の心を温かくしている。

スキー場の閉鎖にともないこの山岳基地は永遠に消えるのではないか、山荘の経営はどうするのか、信号所と呼ばれた駅はどうなるのかを心配していたが、アルピニストや学生、子どもたち、音楽家などがそれぞれの目的をもって来ているので安心した。

魚野川の清流にはイワナやカジカが泳ぎ、川で遊ぶ子どもたちの歓声が響き、山間には学生の奏でる音楽が響きわたり、アルピニストが登山靴の音を響かせ土樽駅を渡る。

土樽にあるすばらしい自然、それをこよなく愛する人たち、スキーリフトはなくなってもやはり土樽はパラダイスである。

冒険家の話を調べながら『星の王子さま』を書いたフランスの作家サン＝テグジュペリの言葉を思い出した。

「さよなら僕が愛した物たちよ、人間の肉体が三日飲まずには生きがたいとしても、それはぼくの罪ではない。僕は負けた。これは僕の職業、当然の秩序だ」

サン＝テグジュペリが飛行機に乗り、サハラ砂漠に墜落して砂漠をさまよったときの話である。この頃はまだ飛行機に乗ること自体が冒険であった。サン＝テグジュペリは無事に生還するが、第二次大戦の偵察飛行中に消息をたった。

冒険家はある意味では不測の事態は自分の運命として受け入れているに違いなかった。それはサン＝テグジュペリのいう当然の秩序なのかもしれない。

植村直己の最期になったマッキンリーのテントの中には「死ぬかと思った」という日記が残された。ヒマラヤにあるチョー・オユー（八二〇一メートル）の南西壁などの超難所を登り、今、日本を代表するクライマーの山野井泰史《やまのいやすし》は、奥さんの妙子さんと挑戦したギャチュカンで九死に一生を得ている。そのとき妙子さんと死を覚悟したという。

二人の例はあきらかに運命の受容と思える。

冒険家にとって死は当然の秩序なのに、なぜ彼らは冒険をするのだろうか。その答えが植村の言葉の中にある。

植村は厳冬期のマッキンリーに登る前アメリカの野外学校で講師をしたことは書いたが、そのとき子どもたちにこんな話をしている。

「僕らが子どもの頃、世界は新鮮だった。やりたいことはなんでもできた。医者になろうと思ったらなれるし、登山家になろうと思ってもなれると思っていた。だが、大人になるとみんな疲れて夢を失っていく。だけど、僕はいつまでも子どもの心を失わずに、不思議なもの、美しいものを見るために生きてきた。美しいものを見るためには、子どもの純真な魂をもち続けることが必要だ。いいかい、君たちはその気になれば、なんでもできるんだ」

そして槇有恒はこう言う。

「私はマナスルを征服したとは思わない。自然は我々にはおよびもつかないほどだ」

この本を書きはじめてから冒険界・探検界でいろいろなことがあった。新たなる冒険を求めて挑戦しているアドベンチャーは後をたたなかったのだ。私の身近にもあった。

二〇〇八年（平成20）一月三一日に熱気球「スターライト号」に乗り、太平洋横断に挑戦し行方不明になった神田道夫は私の高校の二つ後輩である。

二〇〇一年（平成13）のある日、彼から私の職場に電話があった。K２に登ったSさんが近くに住んでいるので一緒に酒を飲みたいというのである。彼は前年、植村直己賞を受賞していたのでその報告がしたいというのが本音だったと思われる。

神田道夫は二九歳で熱気球パイロットの資格をとり、一九八四年（昭和59）に中軽量長距離世界記録、八八年（昭和63）には中量級高度世界記録、九四年（平成６）には中重量級長距離世界記録、九七年（平成９）には中重量級滞空時間世界記録達成と次々に記録を達成、二〇〇〇年（平成12）には熱気球「マンボウ号」に乗り、西ヒマラヤ、ナンガ・パルバット山越え（八一二五メートル）を成功させた世界的なバルーンニストである。

彼は冒険家でありながら、彼の出身地である埼玉県川島町の職員という異例な冒険家であった。熱気球の冒険では食ってはいけないという事情があったに違いない。

彼の指定した料理屋は「コロンブス」、三人が集うには最適の屋号である。席に座ると、すぐさま彼はまくし立てるように冒険談を話しはじめた。その日私は彼の饒舌《じょうぜつ》に圧倒されたのを覚えている。その話の中心は最後の熱気球による挑戦、太平洋横断だった。Sさんは加藤保男ともザイルを組んだことのあるクライマーであったが、家族をもつときっぱりと登山から引退している。

そのとき、神田の話を聞いていて、ある種の危うさを感じたのは私だけだっただろうか。というのはK2登頂の経験のあるSさんは、入山前に数年かけ体力トレーニングをやり現地調査をやるというのに対して、神田は、二週間前くらい前から体をつくりはじめると話したからである。私は、気球はそれほど甘くないぞ、と言おうとしたが素人が口を挟む場面でないと黙っていた。

その後も彼に何回か会っているが、あいさつをした程度の交わりであった。本音は、彼の饒舌にこり逃げていたのである。

彼が私に話した熱気球による太平洋横断は、二〇〇四年に世界七大陸最高峰を登頂した石川直《いしかわなお》樹《き》と一度挑戦しているが、茨城県沖の洋上に不時着し失敗に終わっている。そして今回の飛行ではいまだに消息不明である。

私は熱気球には素人だが、この飛行に疑問が残った。なぜパートナーは同行をしなかったのか、なぜ単独で挑戦したのか、なぜ単独で飛ばなければいけなかったか、その状況が、植村がマッキンリーで消息をたったときに似ているような気がするのである。

身近にいると冒険家の偉大さは感じないものだが、神田道夫の最後の冒険、太平洋横断は、地球に残された本当の意味での最後の冒険のように思える。

星を頼りに、天測で位置を計測し極点を目指した時代は、GPSや飛行機で補給を受けて冒険するのとはわけが違い多くの危険をはらんでいた。そのために多くの冒険者が命を落とした。科学技術が高度化し機械に頼れる今日、残された本当の意味での冒険は、もう神田道夫が挑戦した空しか残っていなかったのかもしれない。

「コロンブス」で彼は、我々の話に耳もかさずに一人熱く語った。独善的だったが、彼の眼の輝きは創造性に富んでいた。あのとき、神田は新たなるものに挑戦しなければ満足できない精神構造になっていたのかもしれない。それは草野心平のいう、健康な病気だったように思われる。

二〇〇八年（平成20）五月には、三浦雄一郎が七五歳でエベレストに登頂し、七月には堀江謙一が波の力だけで推進する船でハワイから日本に着いた。これらの快挙は閉塞状態といわれる現代社会に風穴をあけ、夢や希望がなくなったといわれる中で、必ず子どもたちや働く人たちに勇気と希望を与えるに違いないと思った。さらに同月、登山家の竹内洋岳《たけうちひろたか》がパキスタン北部にある世界八千メートル峰十四座の一つガッシャーブルムの登頂に成功した。竹内は、八千メートル峰登頂は十座目で日本人では最多登頂である。前年、同峰登山中雪崩で遭遇したが奇跡的に助かり、リハビリをしてからの登頂で、その山岳家魂は賞賛に値する。世界で八千メートル峰十四座登頂者は今日までで十四人である、おそらく彼は数年中にその仲間入りをするだろう。これからの竹内の果敢なる挑戦にエールを送りたい。

本書を書くにあたり、冒険家、探検家、登山家といった言葉をどのように使いわけたらいいのか悩んだ。山登りやジャングル深く踏み入る人たちも冒険家、探検家と同義語に使われるであろうし、学術調査隊もある種の探検家であり冒険家である。

『広辞苑』にはこうある。「探検は未知のものなどを実地に探り調べることであり、危険を冒して実地を探ることである」。そのことからすると探検は、調べることが主なる目的だが危険がつきまとうこともあるということらしい。

それでは冒険はというと『広辞苑』には、「危険をおかすこと、成功のたしかでないことをあえてすること」とある。すると登山はどうも冒険家の範疇《はんちゅう》に入るようだが、冒険家とは呼ばずに登山家と呼ぶ、むずかしいところだ。

本書ではそのようなわけで探検、冒険といった言葉にこだわらず、自分の夢をかなえるための行動やロマンをもって行動を起こす人たちを冒険家と呼びたい。また探検、冒険といった言葉を使い分けられないところもあるがご容赦願いたい。

本著を書くにあたり土樽山荘の伊藤周左エ門さんから多くの資料を提供いただいた。資料は、山岳家や冒険家の新聞の切り抜きが多く、冒険家の場面場面の臨場感を出すのにおおいに役立った。高波菊男さんからも、貴重なお話をうかがい、資料をいただいた。女優の和泉雅子さんや五月女次男さんには元原稿を見ていただき、そして植村公子さんには伊藤さんを通じて多くのご支援をいただいた。また、本書を出すにあたり世話になった社会評論社の松田健二さんと編集を担当したパピルスあいの鵜飼恵里香さん、そして関係者の方々の並々ならぬご支援をいただいたことに感謝を申し上げたい。

本文中の敬称は一部を除き略させていただきました。ここにお詫び申し上げます。

参考文献

伊藤周左エ門資料（一九七一年から二〇〇八年までの「朝日新聞」「毎日新聞」「読売新聞」「報知新聞」「新潟日報」「日刊スポーツ」「週刊朝日」「週刊新潮」などの切り抜きファイル）
『１００万回のコンチキショウ』野口健　集英社
『植村直己、挑戦を語る』文藝春秋編
『植村直己　妻への手紙』文藝春秋
『エベレストを越えて』植村直己　文春文庫
『狼は帰らず』佐野稔　山と渓谷社
『南極大陸単独横断行』講談社　大場満郎
『雪に生きる』実業の日本社　猪谷六合雄
『テレビがチョモランマに登った』岩下完爾　日本テレビ
『エベレストに消えた息子よ』加藤ハナ　山と渓谷社
『北極点はブルースカイ』河野兵市　愛媛新聞社
『グリーンランド極地探検』グリーンランド日本探検準備会
『冒険家になるには』久里徳泰　ペリカン社
『谷川岳ヒゲの大将』高波吾策　実業の日本社

『魔の山に生きる』高波吾策　講談社
『北極をめざす野郎たち』読売新聞社
『くりま』創刊号　文藝春秋
『私（マコ）だけの北極点』和泉雅子　文藝春秋
『笑ってよ北極点』和泉雅子　文藝春秋
『エスキモーになった日本人』文藝春秋
『上信越の山』山と渓谷社
『谷川岳を歩く』竹内真一　山と渓谷社
『タッシリ・ナジェール』森本哲郎　平凡社カラー新書
『サハラ幻想行』森本哲郎　平凡新書
『サハラに死す』上温湯隆　時事通信社
『アラスカ物語』新田次郎　新潮社
「Nomber」創刊号　文藝春秋
植村直己の手紙
多田雄幸の手紙

写真提供

伊藤周左エ門【I】、高波菊男【T】、角田孝司【K】、大山光一【O】、長洋弘【C】、文藝春秋

著者略歴

長　洋弘（ちょう　ようひろ）

一九四七年　埼玉県に生まれる。谷川岳の山岳ガイド高波吾策に師事。インドネシア、サウジアラビアに滞在し、両国を取材。国際児童年記念写真展大賞受賞、林忠彦賞受賞、土門拳文化奨励賞受賞、社会貢献者表彰受賞。元公立小・中学校校長。〇八年日本・インドネシア国交樹立五〇周年記念写真展カメラマン。日本写真協会会員、「写真工房・蝶」主宰。著書に『帰らなかった日本兵』（朝日新聞社）、『海外日本人学校』『二つの祖国に生きる』（草の根出版会）、『遥かなるインドネシア』『ぱんちょろ　よーちゃん』（燦葉出版社）、『インドネシア残留元日本兵を訪ねて』（社会評論社）などがある。

冒険に生きる——谷川岳・青春・あの時代

発　行　二〇〇九年二月二八日　初版第一刷発行
著　者　長　洋弘
発行者　松田　健二
発行所　株式会社 社会評論社
〒一一三—〇〇三三
東京都文京区本郷二—三—一〇
電　話〇三—三八一四—三八六一
ＦＡＸ〇三—三八一八—二八〇八
http://www.shahyo.com
編　集　パピルスあい
カバーデザイン　中野多恵子
印刷＋製本　倉敷印刷株式会社